MENSAJE ESPECIAL DEL CIELO

"Id por todo el mundo y predicad el evangelio a toda criatura. El que crea y sea bautizado será salvo; pero el que no crea será condenado. Y estas señales acompañarán a los que creen: en mi nombre expulsarán demonios; hablarán en nuevas lenguas; tomarán en sus manos serpientes; y si beben algo venenoso, no les hará daño; impondrán las manos sobre los enfermos, y sanarán".

Mark 16:15-18

All inquiries should be addressed to:

Book Domain LLC.
543 E Louise Dr Phoenix, Az 85050

Ordering Information:
Amount Deals. Special rebates are accessible on the amount bought by corporations, associations, and others. For points of interest, contact the distributor at the address above.

Cover by Julio Martinez

Printed in the United States of America.

ISBN-13   Paperback   978-1-970309-29-4
            eBook   978-1-970309-28-7

MENSAJE ESPECIAL
DEL CIELO

MARY ADERONKE
MORENIKE JAIYEOBA

BOOK DOMAIN LLC

Este Libro está dedicado a

El padre,
El hijo
Y
La
Espíritu Santo

Dedico este libro a:

Mi abuela, la Sra. Abigail Atinuke Jaiyeoba, quien me enseñó el camino del Señor y me brindó su amor y apoyo durante toda mi infancia. Gracias por enseñarme la diligencia y la obediencia a Dios en todo lo que hago.

Mi tío, el Dr. K.T. Jaiyeoba, y su esposa, la Dra. Bola Jaiyeoba. Gracias por todo lo que han hecho por mí durante mi infancia. Les agradezco su amor y apoyo, y por haber sido como un padre y una madre para mí. Gracias por su cariño y cuidado, a través de sus oraciones y su guía. Que Dios los bendiga.

Quiero dar gracias a Dios por mi padre, Michael Jaiyeoba, por todo lo que ha hecho por mí.

Mi querida madre en el Señor, Pastora Wapaemi Waraboko, gracias por tu cariño y por permitir que Dios te use como guía en mi vida. Gracias por compartir conmigo palabras de sabiduría y entendimiento para discernir la voluntad de Dios en mi vida. Gracias por toda tu provisión y apoyo. Que mi Señor supla todas tus necesidades conforme a sus riquezas en gloria en Cristo Jesús.

Mi querida hermana en el Señor, la hermana Funmi Agbaje y su esposo, por todo su cariño y apoyo en la vida de mis hijos. Gracias al Centro de Aprendizaje Cristo Nuestro Fundamento por ayudar a mis hijos a crecer en el Señor. Han hecho lo mejor que unos padres pueden hacer por sus hijos. Que Dios los bendiga a todos.

Para: mi hija
Mary Aderonke Morenike Jaiyeoba
De: Jesucristo

"Hija mía, Aderonke, te conocí antes de que nacieras; fuiste creada de manera admirable y maravillosa. Tu nacimiento no fue un accidente, tu Padre Celestial lo planeó. Te creé para que fueras un instrumento útil en mis manos. Tu mensaje al mundo es compartir el evangelio de Jesucristo para que las personas se arrepientan de sus pecados y se vuelvan a Dios para recibir la salvación y así heredar el reino de Dios."

CONTENIDO

1

MI PRIMER VIAJE AL CIELO
CON DOS ÁNGELES

TE HAS PREGUNTADO ALGUNA VEZ CUÁL es el propósito de Dios para tu vida? Te has encontrado con Dios? Te ha hablado? Muchas veces, he reflexionado sobre estas preguntas. Me preguntaba por qué Dios me había apartado para su obra. Entonces recordé haber visitado al tío de mi abuela, quien fue el fundador de la Iglesia del Obispo Akinyele en Ibadan. El tío de mi abuela fue el primer Arzobispo de Ibadan en Nigeria. El reverendo A.B. Akinyele, mientras que su hermano, el Oba I.B. Akinyele, fue el primer Olubadan de Ibadan (el Rey), y ambos sirvieron al Señor. También tengo tíos que fueron reverendos en la iglesia, y todos sirvieron al Señor. Mi abuela sabía desde que era niño que el Señor me había apartado para ser un instrumento en su viña. Salía con mi tía a evangelizar y aprendí a repartir folletos cristianos desde muy joven. Mi abuela me enseñó la palabra de Dios y me preparó para ser útil en el reino de Dios.

Mi historia comenzó la noche en que mi abuela llamó a la familia para orar. El himno favorito de mi abuela era "Ahora demos gracias a Dios". Hacemos nuestra devoción por la mañana, también por la noche y luego oramos. Nunca podré olvidar esa noche en que todos terminamos la oración y nos fuimos a dormir; algo misterioso me sucedió. Vi una luz brillante que se filtraba por la ventana. Cuando la luz se movió hacia mí, cambié de posición al dormir porque el reflejo de la luz me inquietaba. Luego, la luz se movió hacia la dirección a la que me había movido. Más tarde, vi una escalera del Cielo que terminaba en mi puerta principal y ángeles de Dios descendían de ella. Dos ángeles llegaron a mi habitación y, en el momento en que entraron, el miedo me invadió. Uno de los ángeles vio el miedo en mi rostro y dijo: "Somos mensajeros de Dios. Yo hago recados para Jesús y el otro ángel es tu ángel de la guarda". El ángel guía dijo: "He estado contigo desde que naciste hasta ahora. El Señor nos ha enviado a ti, y debes venir con nosotros". En ese instante, dijo que los seguí, y ascendíamos hacia el cielo. **Esto fue como la experiencia de Jacob en Betel.**

> "Cuando llegó a cierto lugar, se detuvo a pasar la noche porque era el atardecer. Tomó una de las piedras que había allí, la puso debajo de su cabeza y se acostó a dormir. Soñó que veía una escalera apoyada en la tierra, cuya cima llegaba hasta el Cielo, y ángeles de Dios subían y bajaban por ella."
>
> (Génesis 28:11-12).

DENTRO DEL CIELO

Cuando llegamos a una parada, me encontré en un lugar glorioso que mis ojos no podían abarcar. Los ángeles que me llevaban me miraron, sonrieron y uno de ellos dijo: "Este es el Cielo, el Trono de Dios". Oía voces que cantaban y gritaban "Aleluya!", pero no veía a nadie. Comenzamos a caminar hasta que llegamos a un lugar donde vi a miles de personas vestidas con lino blanco brillante y descubrí que no tenían alas como los ángeles, y se parecían a mí. El ángel me dijo que las personas que veía cantando alabanzas y "Aleluya!" al Rey de Reyes y Señor de Señores eran santos. Los santos habían sido lavados por la sangre del Cordero y esperaban la venida de Nuestro Señor Jesucristo. Mientras continuábamos nuestro viaje, vi un edificio tan majestuoso que jamás había visto otro igual en la tierra. La estructura del edificio era de oro y no necesitaba luz, pues la gloria de Dios se reflejaba en él. A medida que avanzábamos, podía oír otras voces cantando y, cuanto más nos acercábamos, más fuerte era el sonido de la música. Al llegar a esa parte del edificio, pregunté a los ángeles que me llevaron al cielo acerca de aquellos que cantaban alabanzas al Dios Todopoderoso. El ángel respondió: "Hijo mío, estas flores que ves eran las que cantaban día y noche porque esperaban la llegada de los santos". Continuamos caminando hasta llegar al Trono de Dios y, al llegar allí, vi a veinticuatro ancianos sentados alrededor del Trono de Dios con sus brillantes telas blancas. Su vestimenta era tan diferente que brillaba ante mis ojos, y llevaban en la cabeza coronas de oro con doce estrellas alrededor. Estos veinticuatro ancianos adoraban a Dios día y noche postrándose ante su Trono. En cierto punto nos detuvimos, y no pudimos avanzar más, hasta que oí el sonido de trompetas e instrumentos. Eran los ángeles de Dios Tocando el instrumento para adorar a los Reyes de Reyes y Señores de Señor. Hice que la Hueste Celestial adorara al Cordero y se postrara ante Su Trono. Los santos que estaban siendo lavados por la Sangre del Cordero también lo adoraron, al que estaba sentado en el Trono. Oí a la hueste celestial adorar al Cordero y postrarse ante el Trono tras el sonido de la trompeta. Me vi a mí mismo postrado ante el Trono de Dios también.

Más tarde, oí pasos que se acercaban hacia mí, pero no vi a nadie. Sentí que alguien me tocaba la mano y la voz dijo: "Soy Jesucristo". Cuando levanté la vista, mis ojos no pudieron verlo porque la sangre le corría a borbotones por el rostro. Me tomó de la mano y me dijo: "Hija mía, debes preparar a mi pueblo para el reino de Dios. Debes escribir lo que veas y oigas. Dile a mi pueblo que me acepte como su Señor y Salvador personal. Hazles saber que yo, Jesucristo, vine al mundo y morí por sus pecados. Hazles saber que el Cielo y el Infierno son reales. Ve, hija mía, proclama la buena noticia a mi pueblo de que pronto vendré". Después de que el Señor me habló, me levanté y el Ángel me acompañó afuera. Bajamos juntos a la tierra y me encontré de nuevo en mi cama. Esa mañana, al despertar, salí corriendo al otro lado de la casa para ver si las escaleras seguían allí, pero al mirar, no vi nada. Ahora comprendía que había sido una visión. No esperaba que el Señor me apartara para su obra. Empecé a preguntarme por qué. Entre toda mi familia, el Señor me escogió para su obra. A esa temprana edad, no esperaba convertirme en pastor o evangelista de un día para otro. Cuando el Señor me dijo que me había elegido para ser un instrumento en su viña, no tuve ninguna objeción.

Me crié en un hogar cristiano donde pasaba la mayor parte del tiempo con mi tío abuelo, el fundador del Obispo Akinyele. Lo observaba y aprendía de él. No sabía que me estaba preparando para ser un instrumento en el reino de Dios. Lo comprendí cuando el Señor me dijo que había sido elegida para ser un instrumento en sus manos. A la mañana siguiente, le conté a mi abuela sobre mi encuentro con el Señor. Mi abuela sonrió y dijo que desde que nací supo que iba a ser grande en la vida y que había un lugar al que el Señor me llevaba. Mi abuela también me habló y me dijo: "Nieta mía, el Señor tenía una razón para elegirte porque tenías un don especial que el Señor te había dado. Yo haría mi parte para enseñarte el camino del Señor y tú también tenías que hacer la tuya".

2

REVELACIÓN DEL CIELO

EN EL CIELO, DIOS ES OMNIPRESENTE y está presente en todas partes al mismo tiempo. Nuestro Dios observa todo lo que hacemos. Dios es diferente e independiente de su creación. Nuestro Dios es eterno; es desde la eternidad hasta la eternidad (Salmo 90:1-2). No hay cambio en los atributos de Dios, ni en su perfección ni en su propósito para la humanidad. Él es perfecto, santo y completamente sin mancha ni pecado, y es justo. El Señor me reveló la ciudad de Jerusalén, la ciudad que fue tan significativa en los inicios de la iglesia. Jerusalén fue la cuna del cristianismo. Fue allí donde Jesús fue crucificado y resucitó de entre los muertos. También fue en Jerusalén donde Cristo, exaltado, derramó el Espíritu Santo sobre sus discípulos en Pentecostés (Hechos 2). Desde esa ciudad, el mensaje del evangelio de Jesucristo comenzó y se extendió hasta los confines de la tierra (Hechos 1:8). En lugar de preparar una ciudad terrenal para los creyentes, Dios está ocupado preparando la «Nueva Jerusalén», que algún día se convertirá en el lugar de reinado de Jesús, quien descenderá de Dios, del cielo, como una novia preparada y ataviada para su esposo (Apocalipsis 21:2). En ese gran día, la promesa del pacto de Dios se cumplirá plenamente: "Mirad el tabernáculo de Dios!" con los hombres, y habitará con ellos, y ellos serán su pueblo y Dios mismo estará con ellos y será su Dios" (Ap 21:3). Dios y el Cordero reinarán por los siglos de los siglos en su trono en la Ciudad Santa (Ap 22:3-5). Muchos creen que cuando Cristo regrese para establecer su reinado milenial (Ap 20:1-6), establecerá su trono en la ciudad de Jerusalén después del Juicio del Gran Trono Blanco Ap 20:1-5, la Jerusalén Celestial descenderá a la nueva tierra y se convertirá en la sede del Reino Eterno de Dios (Ap 21:2).

REVELACIÓN DEL INFIERNO

Tras presenciar la Revelación del Cielo, fui llevado a otro edificio. Vi a un ángel extender la mano y la puerta se abrió en el momento en que entramos. La puerta era la Puerta del Infierno. En el instante en que se abrió, oí a la gente llorar, gritar y maldecirse por estar en un lugar tan horrible. La intensidad del fuego en el infierno era insoportable. Cuando me acerqué a la Puerta del Infierno, la gente pareció percatarse de mi presencia, pero no vieron al ángel que me acompañaba. Podía oír lo que decían. Lloraban por agua para beber porque tenían sed, y algunos gritaban que el fuego quemaba. Las personas en el fuego del infierno tenían cuerpos como los nuestros, pero sus almas ardían en el infierno. Cuanto más me acercaba, más parecían darse cuenta de mi presencia, y uno de ellos gritaba: "Por favor, ayúdenme! Fui pastor de una iglesia. No perdoné a mi compañero pastor por lo que me hizo". Me dirigía hacia el pastor cuando un ángel me detuvo y me dijo: "No puedes ir allí!". El Señor me ordenó que te lo mostrara para que advirtieras a su pueblo que se arrepintiera y acércate a Él. Todos aquellos que cometieron asesinato, falta de perdón, murmuración, chismes, fornicación, adulterio, embriaguez y robo, terminaron en el fuego del infierno. Sus almas ardían en el infierno porque le habían dado la espalda a Dios.

Había dos paredes en el edificio, una era oscura y la otra roja. En ese edificio, vi a algunas personas comiéndose su propia carne y le pregunté al ángel que me acompañaba por qué se comían su propia carne. El ángel respondió que esas personas eran las mismas que se comían la carne de otros cuando estaban en la tierra. Muchos de los que no aceptaron a Jesús como su Señor y Salvador estaban en el infierno. No había misericordia en el infierno. Los demonios del infierno les clavaban algo parecido a un tenedor en el estómago. Los demonios usaban sus afiladas garras para arrancarles el pelo y los dientes a los caníbales y los atormentaban día y noche. Me asusté mucho al ver la cantidad de personas que el diablo había atormentado. Las almas de las personas atormentadas ardían en el infierno porque se habían apartado de Dios. Muchos cristianos, diáconos, diaconisas, supervisores generales, obispos, pastores, ancianos e incrédulos tuvieron su parte en el fuego del infierno.

Dónde quieres pasar la eternidad? Elige hoy dónde quieres pasar el resto de tu vida. El infierno es real, y el cielo también. Arrepiéntete, entrega tu vida a Cristo y aléjate del pecado.

3

MENSAJE DEL SEÑOR JESUCRISTO

EN UN EDIFICIO, VI GENTE CLAMANDO por salvación y gritando que el Señor los salvara del tormento del diablo. En ese momento, comencé a orar a Dios para que salvara las almas de esas personas. Mientras oraba, mis ojos se abrieron de par en par y vi a Cristo mismo con siete velas en sus manos. El Señor Jesús dijo: "Hijo mío, estas siete velas que ves en mi mano representan siete iglesias en la tierra que serán juzgadas por mí según sus obras. De estas siete iglesias, tres le dieron al diablo influencia en sus vidas y, si no se arrepienten y regresan a mí, las castigaré. Has sido elegido para proclamar las buenas nuevas a la gente para que se aparten de su mal camino y sigan mi senda de justicia". En el momento en que el Señor habló, me encontré en la iglesia. En esa iglesia, un niño de un año lloraba desconsoladamente y su abuela no podía calmarlo. Mientras daba vueltas para ver qué sería de aquel chico, oí una voz a mis espaldas que decía: "No tenías derecho a estar aquí". En el instante en que lo dijo, vi un enorme ángel con un cuenco lleno de ira sobre el hombre que había dicho que no tenía derecho a estar allí. El hombre gritó hasta morir. En un segundo, vi a otros dos ángeles Con el Arca de Dios, todo el lugar estaba en desorden cuando la gente vio el arca. El diablo y sus demonios fueron atados y arrojados al fuego, y así fue como el Señor ganó la batalla. Más tarde ese día, el Señor Jesús habló: "HIJA MÍA, ADERONKE, YO TE CREÉ Y TE CONOCÍ ANTES DE FORMARTE EN EL VIENTRE DE TU MADRE. FUISTE CREADA DE FORMA MARAVILLOSA Y ASOMBROSA. QUERIDA HIJA, A TRAVÉS DE MI ESPÍRITU RECIBES GUÍA MÁS ALLÁ DEL CONOCIMIENTO DE ESTE MUNDO. CADA VEZ QUE ESCUCHAS MI VOZ, TE ACERCAS MÁS A TUS SUEÑOS. TODO ESTE TIEMPO QUE HAS SUPERADO HA SIDO UN TIEMPO DE PREPARACIÓN Y ENSEÑANZA. HAS SUFRIDO SUPRESIÓN, REPRESIÓN E INCLUSO DEPRESIÓN. PERO TE DIGO QUE TODO ESTO SE TRANSFORMARÁ EN UN TIEMPO DE GLORIOSA EXPRESIÓN. EN VERDAD, TE HE PREPARADO UNA MESA ABUNDANTE DE BENEFICIOS. RECUERDA QUE Nunca podrás escapar de mi amor y cuidado. Porque yo soy el Señor que te ama, y nunca dejaré de amarte. Incluso cuando cometas errores y te desvíes del camino correcto, sigo estando a tu lado. Siempre te amaré, hijo mío, y nada puede cambiar esto. Prepárate siempre para la manifestación de mi obra."

EL MENSAJE DE MI ABUELA

A la mañana siguiente, al despertar, le conté a mi abuela sobre mi encuentro con el Señor Jesucristo. Mi abuela me miró me miró y sonrió. Dijo: "El Señor Jesús te llamó para ser un instrumento en sus manos. La obediencia a Dios es mejor que un sacrificio. Sigue sus pasos y él guiará tu camino. Mi nieta nunca se apartó del camino del

Señor; permítele que te use y asegúrate de guardar sus mandamientos". Más tarde esa noche, me acosté como de costumbre. Luego, a medianoche, alguien me llamó por mi nombre y me desperté. Fui con mi abuela y le dije que alguien me había llamado. La experiencia se repitió tres veces. Mi abuela me dijo que dijera: "Habla, Señor, tu sierva escucha". Dije la frase cuando volví a la cama, y ese fue mi segundo encuentro con el Señor. Desde entonces, el Señor Jesús comenzó a comunicarse conmigo y me dijo lo que quería que hiciera. Le dije a mi abuela cuando desperté que Dios me había hablado, que me había elegido como un instrumento para su reino. Mi abuela dijo: "Entendiste lo que Dios quiso decir? Significaba que Dios te había apartado para ser un trabajador en su viña. Creo de corazón que el Señor te enseñará qué hacer cuando llegue el momento. Tú, mi nieta, necesitas seguir Su guía y Él dirigirá tu camino porque no eras una niña cualquiera". Añadió que Dios me había elegido para ser un instrumento en Sus manos. Entonces mi abuela leyó la historia de un niño llamado Samuel en (1 Samuel 3:1-10). Dios llamó a Samuel cuando estaba en el templo con Elí. Dios le ministró y le dijo que se convertiría en un líder de Israel. Más tarde esa mañana mi abuela me dio su última advertencia sobre mi encuentro spiritual con un pasaje bíblico: "Guarda el mandamiento de Dios con este pasaje bíblico: Proverbios 3:1-6". "Hijo mío, no olvides mi ley, sino que tu corazón guarde mi mandamiento, porque largura de días, larga vida y paz te añadirán. Que la misericordia, y la verdad no te abandonen; átalas a tu cuello, escríbelas, en la tabla de tu corazón; así hallarás gracia y buena opinión, ante los ojos de Dios y de los hombres. Confía en el Señor con todo tu corazón y no te apoyes en tu propia prudencia. Reconócelo en todos tus caminos, y él enderezará tus sendas." Recuerda que fuiste un regalo de Dios, y Él está listo para usarte para sus propios propósitos.

4

UNA MUJER QUE SE SALVÓ

CINCO AÑOS DESPUÉS DE MUDARME A Estados Unidos, ingresé a la universidad. Me iba bien en todas mis clases porque el Señor estaba conmigo. Durante mi tercer semestre, me uní a la Fraternidad Cristiana Unida. Impartía estudios bíblicos y oraba con los estudiantes que tenían peticiones de oración. No sabía que la mano de Dios estaba sobre mí en ese momento. El Señor respondió a las oraciones de los estudiantes con quienes me comuniqué y, siempre que tenía un descanso entre clases, iba a la biblioteca a estudiar. Algunos estudiantes se acercaban y me decían que querían aprender más sobre Jesús. Dediqué mi tiempo libre a enseñarles la palabra de Dios y algunos entregaron sus vidas a Cristo. Fue durante un tiempo de oración que conocí a una compañera que estaba pasando por un momento difícil en casa. Su madre no era cristiana porque practicaba vudú. Así que los creyentes nos reunimos para interceder por ella. Al llegar a casa esa noche, oré como de costumbre y me fui a dormir. Alrededor de las 3 de la madrugada, el Señor me despertó y comencé a orar por la madre de mi compañero de clase. Mientras oraba, vi en espíritu que estaba en la casa de la mujer, orando y esperando la presencia del espíritu que no representaba la imagen de Dios en su hogar. Mientras orábamos, su madre salió y nos dijo que si no nos íbamos de su casa, llamaría a la policía. Mi compañero de clase simplemente nos dijo que nos fuéramos porque su madre hablaba en serio. Así que salimos de la casa y volvimos a orar. El motivo de la oración de esa noche era: "**Cualquier poder que no represente la imagen de Dios en esta casa debe arder**". Mientras orábamos, oí un grito dentro de la casa y todos corrimos adentro. Cuando llegamos, vimos a la madre de esta mujer tirada en el suelo, gritando que el fuego la quemaba. Entonces le pregunté si estaba lista para entregar su vida a Cristo y ella respondió que sí. Le pedí a la madre de esta mujer que repitiera una palabra después de mí; "Padre Celestial, me presento en el nombre de Jesucristo. Creo en mi corazón que Jesucristo es el Hijo de Dios. Creo en mi corazón que Él murió por mis pecados, creo que lo resucitaste de entre los Muertos para mi justificación. Lo recibo hoy como mi Señor y Salvador personal y doy gloria a Dios. Amén". Después de hacer la confesión de Dios, la visión desapareció. Cuando llegué a la escuela al día siguiente, le pregunté a una amiga por la señora que había ido a la iglesia Unida Cristiana, y me dijo que no la había visto. Durante dos semanas, no volví a ver a esta señora, y en la tercera semana, oí que alguien me llamaba por mi nombre de camino a la biblioteca. Cuando me giré, vi a la misma señora por la que había orado en aquella visión. Corrió hacia mí muy emocionada y me contó que se había estado preparando para su boda con su madre. Me dijo que su madre había entregado su vida a Cristo. Cuando le pregunté cuándo había entregado su madre su vida a Cristo, me dijo que hacía dos semanas, y me sorprendió porque fue justo cuando mis compañeros de la iglesia y yo oramos por ella. Así fue como el Señor Jesús salvó a su madre.

Más tarde esa tarde, me di cuenta de que la mano del Señor pesaba sobre mí. Dios siempre estaba conmigo y respondía a mis oraciones cuando lo invocaba. A veces, cuando oraba por mis amigos y les presentaba sus casos al Señor, Él siempre respondía a sus oraciones. A veces, cuando oraba en el espíritu, la oración siempre se hacía realidad. Mis amigos siempre volvían para decirme que sus oraciones habían sido respondidas. Un día, después de mi encuentro con el Señor Jesús, estaba en la biblioteca cuando una amiga vino a verme. Al verme, me dijo: «Ronke, tu rostro estaba radiante; parecía que habías visto a Jesús». Me levanté y le dije a mi amiga que volvía enseguida, y corrí rápidamente al baño y me miré en el espejo para ver a qué se refería mi amiga, pero no vi nada. Mi amigo podía ver la gloria de Dios en mi vida, y el resplandor del Señor estaba sobre mí, y eso era como lo que los hijos de Israel vieron en Moisés cuando bajó del montaña.

Cuando Moisés bajó del monte Sinaí con las dos tablas de la ley del pacto en sus manos, no sabía que su rostro resplandecía porque había hablado con el Señor. Cuando Aarón y todos los israelitas vieron a Moisés, su rostro resplandecía, y tuvieron miedo de acercarse a él. Pero Moisés los llamó; entonces Aarón y todos los jefes de la comunidad regresaron a él, y él les habló. Después, todos los israelitas se acercaron a él, y él les dio todos los mandamientos que el Señor le había dado en el monte Sinaí. Cuando Moisés terminó de hablarles, se cubrió el rostro con un velo. Pero cada vez que entraba en la presencia del Señor para hablar con él, se quitaba el velo hasta que salía. Y cuando regresaba y les contaba a los israelitas lo que se le había ordenado, veían que su rostro resplandecía.

> Entonces Moisés se volvía a cubrir el rostro con
> el velo hasta que regresaba a hablar con el Señor.
> Éxodo 34:29-35.

Cuando llegué a casa ese mismo día, la mujer a la que mi padre llamaba mi madre también dijo: "Ronke, tu rostro luce radiante", como me había dicho mi amiga en la escuela. Le dije que mi rostro lucía radiante gracias a la crema que me había aplicado. Ella insistió en que le diera la misma crema que yo usaba, y lo hice. Al día siguiente, cuando regresé de la escuela, me hizo la misma pregunta: por qué mi rostro lucía radiante, ya que ella se había aplicado la misma crema que yo le había dado, pero no pasó nada. La mujer dijo: "Tú, esta chica, no me dijiste por qué tu rostro lucía radiante", y en ese momento no me sentí bien porque no entendía por qué seguía haciéndome la misma pregunta una y otra vez después de haberle dado la crema para que se la aplicara. Entonces escuché una voz que claramente me decía: no te enojes, por qué no respondes a la pregunta que te hizo? En ese momento supe que esa voz era la de Jesús. Cuando me hizo la misma pregunta al tercer día, cuando estaba a punto de ir a la escuela, se me acercó y me dijo: "Tú... esta chica no me dijo por qué te brillaba la cara", y yo le respondí que era Jesús quien hacía que mi cara brillara. En el momento en que dije la palabra Jesús, me abofeteó y las lágrimas cayeron de mis ojos. Supe desde ese día que no estaba contenta con mi relación con Dios. Durante toda mi vida como adolescente, el Señor siempre estuvo conmigo y nunca me dejó sola. Dios siempre enviaba a su Espíritu Santo para enseñarme su palabra.

5

SEGUNDO VIAJE AL CIELO

UNA NOCHE, ESTABA EN MI CAMA cuando vi a dos ángeles de Dios en mi habitación. Me asusté al verlos. Uno de ellos me miró y dijo: "No temas, Jesús nos ha enviado. He servido a Jesús y siempre me ha enviado a ministrar a sus hijos". El otro ángel dijo: "He estado contigo desde el día en que naciste hasta ahora. Debes venir con nosotros porque el Señor tiene una misión para ti". Me sentí elevado en el espíritu y regresamos al Cielo. Ascendíamos al Cielo por una escalera que casi llegaba al Trono de Dios. Al llegar al Cielo, el ángel de la puerta no me dejó entrar. Dijo que teníamos que cantar con aquellos que alababan y adoraban a Dios antes de poder entrar Había doce puertas de perlas, y solo podíamos entrar por una de ellas. Al llegar a la puerta, el ángel que me trajo me dijo que cantara con ellos, y que esa era la única manera de entrar. Estaba absorto en la música y comencé a cantar con ellos. En el momento en que empezamos a cantar, la puerta se abrió y entramos. Este es el lugar donde Dios vive, la Casa de Dios. Los ángeles adoraban a Dios día y noche con sus trompetas y cantando: "Santo, Santo, Santo es el Señor. Bendito el que viene en el nombre del Señor".

Y de nuevo gritaron: Aleluya! El humo de ella sube por los siglos de los siglos. Los veinticuatro ancianos y sus cuatro criaturas se postraron y adoraron a Dios que está sentado en el trono, y exclamaron: ¡Aleluya! Amén.

(Apocalipsis 19:3-5)

Vi a las huestes celestiales y cada una era única a los ojos de Dios. Algunos de estos ángeles tenían alas y otros no, pero parecían ser como nosotros. Mientras miraba, se abrió una puerta de diamante y salió alguien con la apariencia del Hijo del Hombre. El hombre se acercó a nosotros, y su rostro era tan diferente que no podía verlo con mis propios ojos. Su apariencia era la de un novio saliendo de su alcoba. Entonces oí una voz como el estruendo de muchas aguas, luego una voz tenue que pude oír claramente. La voz dijo: "Bienvenida al Cielo, mi preciosa hija. Soy Jesucristo".

PURIFICACIÓN DEL SEÑOR

Vi un libro de oro púrpura en Su mano y mi nombre estaba escrito en él: **Aderonke Morenike Jaiyeoba**. El libro contenía la historia de mi vida desde mi nacimiento hasta ahora. El Señor me miró durante un rato y le dijo al ángel: "Purifica a esta niña y tráela de Vuelta". Teníamos una misión que cumplir. En el momento en que el Señor hubo hablado, mi ángel de la guarda me llevó y salimos del Cielo. Bajamos por una hermosa puerta y se abrió una puerta de diamantes. Entramos en una habitación llena de agua, agua viva como se describe en el Libro del Apocalipsis.

> Entonces el ángel me mostró un río con agua de vida, clara como el cristal, que fluía del Trono de Dios y del Cordero. Fluía por el centro de la calle principal.
>
> (Apocalipsis 22:1-2).

El ángel me dijo que entrara en el agua y me sumergiera de la cabeza a los pies. Cuando salí del agua, parecía uno de los ángeles. El ángel me vistió con una túnica blanca y atravesamos otra puerta. En el momento en que se abrió la puerta, entramos y pude percibir el aroma de la naturaleza. El ángel me ungió con el aceite según la palabra del Señor. El ángel me llevó de regreso a donde estaba el Señor y me encontré ante el Trono de Dios. El Señor me tomó de la mano y me dijo: "Hijo mío, ven conmigo", y estábamos entre el Cielo y la tierra, cuando me encontré en un pueblito.

6

MISIÓN DEL SEÑOR JESUCRISTO

ESA MAÑANA, ME VI CONDUCIENDO UN coche rojo hacia esa pequeña ciudad. En el momento en que doblé la esquina derecha, vi un letrero que decía: Bienvenidos a Western Shore. Salí del coche y observé el área donde Dios quería que ministrara. Más tarde pregunté a la gente de la zona sobre la Iglesia de Western Shore y me dieron indicaciones para llegar. Al salir del coche, un hombre y una mujer se acercaron y me dieron la bienvenida a su pueblo. Luego me llevaron a una habitación de motel donde me hospedaría durante la cruzada. Esa noche, en la habitación del motel, oré a Dios pidiendo misericordia en el viaje y que el Señor me diera elocuencia para hablar a su pueblo. Mientras oraba, sentí la presencia del Señor en la habitación y pude oír su voz. Esa noche vino. El Señor vino a mí y me dijo: "Hijo mío, levántate y sígueme". Y me encontré de pie, siguiéndolo hasta que llegamos a la entrada del edificio. El Señor me dijo que el pueblo necesitaba liberación y que yo había sido elegido como instrumento para liberarlo de la mano del opresor. El Señor habló de nuevo: "Hijo mío, debes llevar buenas noticias a este pueblo para que mi gente se arrepienta". "Prepárense para la misión que les enviaré". "Deben preparar a mi pueblo para el reino de Dios". En el momento en que el Señor Jesús dijo eso, me encontré en la iglesia.

SERVICIO EN LA IGLESIA

Cuando entré en la iglesia, el servicio ya había comenzado. Los coros empezaron los cantos de alabanza y adoración. Vi a la multitud de personas adorando y alabando a Dios en su idioma. En medio de la adoración, el Señor me dijo: "Hijo mío, ven conmigo", y empezamos a caminar hacia el púlpito y el Señor me dijo que me sentara. En el momento en que nos sentamos, vi los himnos de esa mañana. El himno era: "Qué amigo tenemos en Jesús!". Mientras el coro cantaba, noté a los hombres con túnicas blancas brillantes en la esquina derecha de la iglesia. Los ángeles eran tan únicos y hermosos, y su vestimenta era diferente. Estos eran los ángeles ministradores. Ministraban con cantos y sus trompetas. Era maravilloso cómo adoraban a Dios en el trono. Pensé que la gente a mi alrededor se daba cuenta de la presencia de estos ángeles, pero no era así, excepto yo. Pregunté al Señor Jesús quiénes eran esos seres espirituales vestidos con túnicas blancas, y el Señor me respondió: eran ángeles ministradores.

> Acaso no son todos los ángeles espíritus ministradores enviados para servir a aquellos que heredarán la salvación?
>
> Hebrea 1:14

Subí al púlpito y ministré a mi gente. Le doy gracias a Dios por darme la oportunidad de hablarles. El tema principal de mi sermón fue **"Qué debo hacer para ser salvo?"**. La lectura fue de Juan 3:16-17. Ser salvo significaba ser liberado del pecado o preservar la salvación. Dios quería tener una relación personal contigo. Juan 17:3, y este es el camino para tener vida eterna: conocerte al único Dios verdadero y a Jesucristo, a quien enviaste a la tierra. Dios no era una fuerza invisible, un ídolo sin voz ni visión, ni simplemente otro nombre para tu autoestima. Dios era una persona, tu creador, quien te creó para que tuvieras una relación con Él. Por qué? Porque puedes entregar tu vida al control de Dios porque Él ama lo que es mejor para ti. De hecho, te ama tanto que entregó a su Hijo, Jesús, para que muriera en la cruz por ti. Cuando le entregas tu vida, le entregas tu vida a Aquel que te conoce a la perfección.

> Porque de tal manera amó Dios al mundo, que dio a su Hijo unigénito, para que todo aquel que en él cree no se pierda, sino que tenga vida eterna. Porque Dios no envió a su Hijo al mundo para condenar al mundo, sino para que el mundo sea salvo por él.
>
> (Juan 3:16-17)

Recuerda que Jesús murió para pagar la pena por los pecados que merecíamos. ¡Él cargó con nuestro castigo para que nosotros no tuviéramos que hacerlo! Jesús, el camino fue preparado para que pudiéramos tener una relación personal con el Dios Santo. Debes responder personalmente confiando en Jesús como tu Señor y Salvador. Así lo dice el libro de Romanos.

Si confesamos con nuestra boca que Jesús es el Señor y creemos en nuestro corazón que Dios lo resucitó de entre los muertos, seremos salvos. Porque es creyendo en el corazón como se es justificado ante Dios, y es confesándolo con la boca como se es salvo.

(Romanos 10:9-10)

Simplemente necesitas creer y recibir a Cristo, lo cual significa reconocer tu fe en Él, invitarlo a entrar en tu vida, volverte a Dios desde tu forma de vida actual (arrepentimiento) y comenzar la aventura de dirigir tu vida. Después del sermón, pedí a quienes entregarían su vida a Cristo que pasaran al frente. Les pedí que repitieran una palabra después de mí. Esta fue la palabra. "Querido Dios, sé que mi pecado me ha separado de ti. Gracias porque Jesús murió en mi lugar. Le pedí a Jesús que perdonara mis pecados y que entrara en mi vida. Renuncio al diablo. Por favor, comienza a guiar mi vida y gracias por darme la vida eterna. En el nombre de Jesús, amén." Tras la breve oración, el coro canto, **Me rindo completamente.** Mientras cantaban, sucedió algo misterioso y noté a esos seres espirituales. Pensé: "¿Cómo es posible verlos?", pero Dios lo hizo posible. Vi a estos seres espirituales, a quienes también llamaban ángeles de Dios. Mientras observaba, noté que uno de los ángeles de Dios tenía un pergamino en la mano y escribía los nombres de quienes entregaban su vida a Cristo. Pude ver en el pergamino que había escrito el nombre de la persona, su fecha de nacimiento, el mes, el día, la hora, los minutos, los segundos y el lugar donde entregó su vida a Cristo. En otra ocasión, vi ángeles ministrando; ministraban a quienes entregaban su vida a Cristo. En esa visión, muchas personas fueron salvas ese día.

> Acaso no son todos los ángeles espíritus minis-
> tradores, enviados para servir a quienes han de
> heredar la salvación?
>
> (Hebrea 1:14)

Después de la visión que el Señor me dio, salí a evangelizar. Compré la Biblia del Nuevo Testamento y la distribuí a la gente mientras evangelizaba. Hablé con diferentes personas de distintos idiomas acerca de Cristo y muchos entregaron sus vidas a Él. Mientras ministraba en la calle, conocí a una mujer española. Le di una Biblia del Nuevo Testamento en inglés y me dijo que no entendía inglés. Entonces, me pidió una Biblia en español, y le di la Biblia del Nuevo Testamento en español. Se emocionó mucho y me dio las gracias. Al continuar con mi evangelización, conocí a una anciana y le ministé. Después de darle la Biblia del Nuevo Testamento, me preguntó: "Acepta donaciones?", y le respondí: "No, no acepto donaciones porque la salvación es gratuita". Ella sonrió y me dijo: "Gracias por la Biblia del Nuevo Testamento que me dio".

7

UNA MUJER POSEÍDA POR UN DEMONIO

DOS MESES DESPUÉS DE LA MINISTRACIÓN, el Señor Jesús me llevó a una habitación. En esa habitación, vi a una mujer tendida en el suelo, y tenía un aspecto muy extraño. El Señor Jesús dijo: "Ronke, hija mía, te he dado autoridad para pisotear serpientes y escorpiones, sobre el diablo y sus demonios. Verás, hija mía, esta mujer estaba poseída por el diablo y a ti se te ha dado un poder de lo alto para expulsar al demonio de ella".

> Y estas señales acompañarán a los que creen: en mi nombre expulsarán demonios y hablarán en nuevas lenguas; tomarán en las manos serpientes; y si beben algo venenoso, no les hará daño; impondrán las manos sobre los enfermos, y sanarán.
>
> Marcos 16:17-18

El Señor me habló de nuevo y me dijo que la historia de esta mujer comenzó en el momento en que su madre le impidió ir a la iglesia. No le permitía leer la Biblia ni orar en casa. La mujer cambió en el momento en que entró a la universidad y se unió a un grupo sectario en la escuela. Fue influenciada por uno de sus compañeros de clase, quien le prometió protegerla en tiempos difíciles. Como su madre no le permitía servir a Dios, decidió unirse a ellos. Más tarde, la mujer enfermó y el médico no pudo diagnosticar su enfermedad. Posteriormente, una amiga la llevó a la iglesia. Ahora, su madre se arrepiente de lo que hizo y quiere que su hija sea liberada. El Señor dijo: "Aderonke, hija mía, te he dado autoridad para expulsar demonios de ella". Más tarde, me encontré orando en espíritu, buscando la guía del Señor en este asunto de liberación. Mientras oraba, me encontré en un gran edificio. En ese edificio, me vi bajar las escaleras hasta que me encontré con una criatura mitad humana, mitad pez, junto a la puerta. Esa sirena no me permitió entrar. Dijo que no tenía derecho a estar allí. Cuando dije: "Te ato en el nombre de Jesús", el edificio tembló y ella dijo: "No vuelvas a mencionar el nombre de Jesús aquí". Al bajar las escaleras, vi a mucha gente atada y gritando por sus vidas. Habían sido atados por el diablo y su demonio. Fue en este edificio donde conocí a la joven de la que habló el Señor Jesús. Cuando comencé a orar, ellos también comenzaron a atacarme, pero el poder del Señor era más fuerte que el suyo. Cuando invoqué el fuego del Espíritu Santo para que consumiera todo el poder de las tinieblas, oí una voz enfurecida que gritaba con ira: «No pueden detenernos, vamos a destruir este lugar». Entonces oí otra voz que decía: «Hijo mío, no te he dado el espíritu de temor. Revístete de toda la armadura de Dios y vencerás». El Señor me reveló que la voz que oí era la del líder del demonio y su nombre era Najid. Él estaba a cargo de estas personas poseídas. Él controlaba Mensajes Especiales del Cielo sus mentes y almas. Entonces, dije que estaba escrito: Que se doble toda rodilla y que toda lengua confiese que Jesucristo es el Señor. Inundé esta casa con la Sangre de Jesús y la cubrí con el Fuego del Espíritu Santo. En el momento en que entré en la habitación, el demonio que la poseía habló y dijo: Déjanos en paz. Qué quieres de nosotros No tenemos nada que ver contigo. Vi que el Espíritu de Dios estaba sobre mí y, con espíritu violento, ordené al demonio que se callara en el nombre de Jesús. Dije:

"Pero así dice el Señor: aun los cautivos del poderoso serán liberados, y el botín del terrible será rescatado, porque yo contenderé con el que contiende contigo, y salvaré a tus hijos. Haré que los que te oprimen se alimenten con su propia carne; se embriagarán con su propia sangre, como con vino dulce, y toda carne sabrá que yo, el Señor, soy tu Salvador y Redentor, el Poderoso de Jacob."

(Isaías 49:25-26).

"Ninguna arma forjada contra ti prosperará y toda lengua que se levante contra ti en juicio, la condenarás. Esta es la herencia de los siervos del Señor, y la justicia procede de mí —dice el Señor—.

(Isaías 54:17).

Yo le dije a la mujer —declaró el Señor—, y yo decreté que habías sido entregada en manos de hombres violentos. En el momento en que dije que la mujer había sido liberada, inmediatamente oí la voz del Señor Jesús que decía: "Bien hecho, preciosa hija mía, lo has hecho bien". En el momento en que el Señor dijo eso, desperté. Al día siguiente salí a evangelizar y conocí a una joven en la estación de metro. Mientras repartía el folleto a la gente en la estación, ella también hacía lo mismo. Hablé con ella y le pregunté cuánto tiempo llevaba evangelizando, y me dijo que no mucho. Hablamos durante un buen rato; me contó la historia de su vida y cómo terminó siendo una esclava de Satanás. Fue a un centro de liberación, pero no pasó nada. Entonces me preguntó sobre alguna iglesia a la que pudiera ir para una liberación total, y la animé a ir a la Iglesia Monte de Fuego. Mientras seguía hablando con esa mujer, la voz del Señor interrumpió nuestra conversación y oí su voz diciéndome que orara junto con ella. Intercambiamos números de teléfono y salí de la estación de metro. A medianoche sonó mi teléfono y resultó ser esa mujer. Le pregunté qué había pasado y me dijo que estaba siendo atacada espiritualmente y que no podía dormir. Afirmó que veía demonios en su habitación todas las noches. Le recordé que aún necesitaba ir a una iglesia para ser liberada y me preguntó si conocía alguna que ofreciera este tipo de liberación. Le hablé de la Iglesia Monte de Fuego, pero me dijo que le quedaba demasiado lejos. Mientras seguía hablando conmigo, oí la voz del Señor que me decía: Hijo mío, ¿por qué no dedicas tiempo a orar con ella?. Dudaba incluso en entrar en conflicto con esta mujer. Le dije: Señor, tú sabes que esta mujer fue una vez una esclava de Satanás y su problema me supera. El Señor me habló de nuevo y me dijo: Hija mía, recuerda que tú también eres la esposa de Cristo y que el poder para expulsar el mal te ha sido dado por mí, y debes usarlo sin cesar. Desde aquella noche, oro con ella todas las noches. Presenté su caso al Señor en oración y, en comunión, oramos juntos, y ella pudo dormir. Aquella mujer que conocí en la estación de metro era la misma mujer que el Señor me reveló en aquella visión.

Dos semanas después, también comencé a enfrentar una batalla espiritual. El problema comenzó después de terminar de orar con esta joven y me fui a dormir. No supe qué pasó cuando comencé a ver demonios en mi habitación; parecían trolls. Mis ojos espirituales se abrieron y pude verlos. Me atacaron porque oré la oración de liberación por la mujer a la que habían esclavizado. Estaba tan débil que no podía moverme y una de mis hijas se despertó asustada porque vio una figura moviéndose por la habitación y no pudo dormir. Tuve que orar con ella y la cubrí con la sangre de Jesús y el fuego del Espíritu Santo, y volví a la cama. Los demonios no estaban contentos de que orara con esa joven y comenzaron a contraatacar. Cuando ya no pude soportar el dolor, clamé al Señor. Estaba tan débil y cansado cuando vi a dos seres angelicales en mi habitación. Uno de los ángeles dijo que hacía un recado para Jesús, y que ellos eran sus mensajeros. Cada vez que uno de sus hijos estaba en problemas, ellos estaban allí para ayudar. Un ángel me llevó en brazos y se dirigió hacia la nube hasta llegar a un lugar hermoso que parecía una mansión. Mis ojos no podían contemplarlo porque todo el lugar estaba hecho de oro. Al llegar allí, entramos en una habitación. En esa habitación, el Señor Jesús nos esperaba con su gloriosa apariencia, vestido con una túnica blanca, y su rostro resplandecía lleno de luz, y mis ojos no podían abarcarla. Se sentó en un trono de oro y el cielo era tan hermoso que nada se le compara. El Señor me tomó del ángel y me sumergió en agua. En el momento en que el agua burbujeó, pude sentir cómo comenzaba el proceso de sanación. Lloré al sentir el dolor, y el Señor me dijo: "Hijo mío, en el cielo no hay Lágrimas". El Señor tomó un paño blanco en su mano y me secó el rostro. Sentí dolor cada vez que el Señor tocaba mi herida. El Señor me miró y me dijo: "Hijo mío, no eres parte de mí si no me dejas sanar tu herida". Déjame sanar tu herida para que puedas recuperarte. Cada noche, sentía la presencia del Señor en su gloriosa aparición en mi habitación. Descubrí que alrededor de las 3 de la madrugada, el Señor aparecía en forma de luz y permanecía conmigo. Comencé a aprender cosas nuevas del Señor. Después de un tiempo, el Señor Jesús comenzó a enseñarme cómo convertirme en un guerrero de oración. En caso de que los enemigos comenzaran a atacar, el Señor Jesús dijo: "Hijo mío, necesitas ponerte toda la armadura de Dios, la coraza y el escudo de la fe para enfrentar a los enemigos. Cuando los enemigos se enfurezcan y pienses que la batalla es demasiado dura, clama a mí, porque la batalla es mía". Después de la oración, el Señor Jesús se volvió hacia mí y dijo: "MI QUERIDA ADERONKE, MIRA MÁS ALLÁ DE LAS PRUEBAS Y PROBLEMAS PRESENTES, Y VERÁS EL PROPÓSITO Y EL PLAN AL QUE TODO ESTO TE CONDUCE. CADA PASO QUE DAS TE LLEVA A LA CIMA DE UNA MONTAÑA DESDE DONDE MI GLORIA SE ABRIRÁ ANTE TI. NO TE TENGAS Y NO PERMITAS QUE EL MIEDO DESTRUYA LA OBRA QUE ESTOY HACIENDO. TODO ES PARA BIEN. NO TEMAS LOS CAMBIOS QUE ESTÁN SUCEDIENDO, PORQUE ESTOY CONTIGO. CONFÍA EN MÍ, PERO SABE QUE HARÉ LO MEJOR PARA TI, PORQUE SOY EL SEÑOR QUE NO CAMBIA. TE GUIARÉ DEL VALLE A LAS ALTURAS DE LA FELICIDAD. HIJA MÍA, ADERONKE, TE ESTOY ENSEÑANDO APOGEO ESPIRITUAL Y EQUILIBRIO DEL ALMA EN UNA MUNDO VACIANTE Y CAMBIANTE EL MISMO PODER QUE EXPULSA A LOS DEMONIOS ES TUYO. DEBES APRENDER A USARLO Y USARLO CONSTANTEMENTE. TE ENTREGO MI ALEGRÍA. ALEGRÍA QUE DA PODER PARA HACER TODO LO QUE PIDAS O IMAGINES VIVIR EN ELLA, SUMERGIRSE EN ELLA. LA OBEDECER DIARIA DE MI GUÍA ESPIRITUAL CREARÁ TODO LO QUE BUSCAS Y DESEAS, Y CREARÁ LA ARMONÍA ESPIRITUAL Y LA BELLEZA DE TODO LO QUE ASPIRAS A TENER EN TU VIDA. YO SOY TU CAMINO, Y YO SOY TU PADRE QUE TE AMA CON AMOR INFINITO." Y ese fue el mensaje del Señor para mí.

8

VISITA DEL SEÑOR JESUCRISTO

LA NOCHE DE JULIO DE 1998, acababa de terminar mi oración y lectura de la Biblia cuando vi una luz brillante que entraba por mi ventana. La luz era tan brillante que no pude verla más. Estaba casi ciego, incapaz de ver la luz moverse hacia mí. Al principio pensé que era la luz de la luna, pero no lo era. Después vi a un hombre con una túnica blanca brillante. Su gloriosa apariencia era tan diferente que mis ojos no pudieron verlo. Entonces oí una voz del Cielo que dijo: «Hijo mío, prepárate y sígueme». Inmediatamente me levanté y lo seguí. Le pregunté quiénes eran él y él, y respondió: «Soy Jesucristo, que vino al mundo a morir por tus pecados, y soy el que resucitó de entre los muertos al tercer día para que puedas pasar la eternidad conmigo». Mientras hablaba, lo seguí y llegamos a cierto punto. En el momento en que llegamos, vi a un enorme ángel de pie junto a un poste. Su apariencia era muy radiante. Vestía una túnica blanca brillante que casi tocaba el suelo. Todo en el Cielo era dorado y radiante. El ángel no se movió de donde estaba, y su apariencia era radiante de pies a cabeza. Mis ojos no podían contemplarlo más. Al acercarnos al Cielo, había un gran muro de oro. La pared era muy alta y no tenía manija para abrirla. Al acercarnos a esa gran pared, entramos en la habitación. En esa habitación había botellas, algunas parecían de vidrio transparente y otras de cristal. Cada botella tenía un nombre grabado. Dentro de la habitación vi a un hombre con una túnica de terciopelo púrpura. La túnica era muy hermosa. En la habitación había una mesa llena de libros, algunos con diamantes y perlas, y todos eran maravillosos. Mientras el ángel hablaba, otro ángel enorme entró por la puerta. Vestía una túnica blanca brillante con ribetes dorados. Medía unos cuatro metros y medio de altura y tenía un cuenco lleno de lágrimas. El ángel recogía las lágrimas y las ponía en las botellas.

> "Cuando Jesús tomó el rollo, los cuatro seres vivientes y los veinticuatro ancianos se postraron ante el Cordero; cada uno tenía un arpa y copas de oro llenas de incienso, que son las oraciones de los santos".
>
> (Apocalipsis 5:8).

El nombre escrito en el papel y en el cuenco se le entregó al ángel. Luego, el ángel fue a la habitación, leyó la nota y se dirigió al lugar donde se guardaba la botella, donde leyó la inscripción. Después, el ángel comparó el nombre de la nota con el de la botella. Cada vez que los santos clamaban a Dios y sus lágrimas caían sobre la primera página del libro, aparecían hermosas palabras para animarlos.

> "Tu número es mi peregrinación; pon mis Lágrimas en tu frasco; acaso no están escritas en tu libro?"
>
> (Ps 56:8).

Tras salir de la habitación, pasamos por donde vivían unos hermosos caballos blancos. Parecían piezas de ajedrez de mármol y, a la vez, enormes estatuas. Una mujer vestida con una hermosa túnica les indicó que se inclinaran ante el Trono de Dios.

> "Vi el cielo abierto, y he aquí un caballo blanco. El que lo montaba se llamaba Fiel y Verdadero, y con justicia juzga y pelea. Sus ojos eran como llama de fuego, y en su cabeza tenía muchas diademas. Tenía un nombre escrito que nadie conocía sino él mismo. Estaba vestido con una túnica teñida en sangre, y su nombre es el Verbo de Dios. Y los ejércitos celestiales, vestidos de lino finísimo, blanco y limpio, le seguían en caballos blancos."
>
> (Apocalipsis 19:11-14).

Una hora después, me acompañó un ángel y oí la voz del Señor. Purificó a esta niña y me la trajo de vuelta. El ángel me llevó de regreso a la habitación por donde fluía el río y, mientras me sumergía en él, el río exclamó: «¡Aleluya!». En el momento en que salí del agua, mi apariencia cambió a la del Ser Glorioso y fui vestida con una túnica blanca. El ángel me llevó de regreso al lugar donde el Señor Jesús nos esperaba. Vi a las huestes celestiales y cada una de ellas era única a los ojos de Dios. Algunos de estos ángeles tenían alas y otros no; parecían uno de nosotros.

Quiénes son esos ángeles que resplandecían con una túnica blanca y miraban hacia la luz radiante que brillaba en el Cielo? Entonces el ángel respondió que eran santos cantando y gritando Aleluya al Señor y que esperaban su venida. Continuamos avanzando en la dirección de donde venía. En el momento en que llegamos, el ángel se fue. No lo volví a ver. Entonces el Señor apareció con su túnica resplandeciente y dijo: "Hijo mío, hay una misión para que ambos cumplamos". Y me encontré en una habitación. En esa habitación, muchas personas estaban atadas, con las manos y los pies atados al cuerpo. "Qué han hecho estas personas?", le pregunté al Señor. Entonces el Señor respondió: "Hijo mío, estas personas han sido atormentadas día y noche por el diablo y sus demonios, y el poder para salvarlas está en tus manos". "Por qué yo, Señor?", pregunté. Le dije: "Señor, estas personas pueden invocar tu nombre y serán salvas". El Señor me respondió y me dijo: "Hija mía, cómo pueden recordar mi nombre en esta situación? Tienes la autoridad que se te ha dado para enfrentar al diablo y a su demonio. El poder te ha sido dado desde lo alto y has sido apartada para hacer la obra. Nadie puede salvar a estas personas excepto tú. El poder para salvarlos está en tus manos. Ve y salva a mi pueblo del tormento del infierno. Ve, hija mía, y prepárate para luchar esta batalla por mí". Después de que el Señor Jesús hubo hablado, se fue, y yo tomé mi Biblia y partí hacia la misión que el Señor me había enviado. Me encontré en ese edificio y podía oír a la gente llorando y gritando, preguntando: "Quién puede salvarnos de este tormento?". La carga era demasiado pesada para soportarla. Entonces entré en la casa y comencé a desafiar todo el poder de las tinieblas con el fuego del Espíritu Santo. Dije,

"Al invocarse el nombre de Jesús, toda rodilla se doblará, de los que están en los cielos, y de los que están en la tierra, y de los que están debajo de la tierra; y toda lengua confesará que Jesucristo es el Señor, para gloria de Dios Padre."

(Filipenses 2:9-11).

Poder de las tinieblas que atormentabas a estos hijos de Dios, ordeno al fuego del Espíritu Santo que te consuma ahora. El fuego vino y quemó todo el edificio, y toda cadena se rompió; y así fue como el pueblo se salvó.

9

MI EXPERIENCIA LABORAL

RECORDÉ EL INCIDENTE QUE LE OCURRIÓ a mi familia en el año 2001. El incidente ocurrió en verano, cuando estaba a punto de graduarme de la universidad. Me estaba preparando para ir a la escuela la una de la tarde cuando un alguacil del tribunal llamó a nuestra puerta. No quería abrir la puerta ese día cuando uno de los hombres dijo: "Somos alguaciles del tribunal y tienen que irse de esta casa ahora mismo". La esposa de mi padre, que estaba en su habitación ese día, no me permitió abrir la puerta hasta que la persona siguió llamando, entonces abrí. El alguacil nos dijo que no podíamos llevarnos nada de la casa. Así que tomé mi mochila y me fui a la escuela. La esposa de mi padre tomó su equipaje y se fue a casa de su hermano en Maryland. Ni siquiera le importó la familia que había dejado atrás. Esa tarde, regresé de la escuela. Mi padre y mi hermano menor esperaban fuera de la puerta del apartamento para entrar hasta que vieron el aviso que el alguacil había colocado en la puerta. Nuestros vecinos nos dieron alojamiento en su apartamento hasta que nos reorganizamos. Después de esa mañana, no volví a ver a mi padre. Estaba solo en la ciudad de Nueva York, sin nadie que me ayudara. No sabía dónde estaban mi padre y mi hermano en ese momento. Regresé a la iglesia para ver a mi pastor y a la Sra. Adetola, pero luego supe que se habían mudado a Maryland porque tenían una nueva parroquia. Dos días después, cuando regresé al apartamento, el encargado me llamó y me dijo que dos ancianos de la Iglesia Montaña de Fuego habían venido a buscarme y les contó lo sucedido. Me dejaron su número y me dijeron que los llamara. Conseguí el número del encargado y los llamé. El anciano y la Sra. Faloye vinieron a buscarme con mi equipaje para quedarme con ellos. Durante mi estancia con ellos, les dije que quería trabajar, que no quería ser una carga para ellos y que quería contribuir a los gastos de la casa. Mamá y papá Faloye siempre me decían que no hasta que me estabilizara. Estuve allí con ellos tres meses, y cuando llegó el momento, me enviaron a hacer una capacitación en seguridad. Hice la capacitación durante dos semanas y conseguí un trabajo. Cuando recibí mi primer sueldo, di el diezmo y llevé el resto al banco para ahorrar hasta tener suficiente para mantenerme. Cuatro meses después, conseguí una habitación en alquiler y volví para agradecer al anciano y la señora Faloye todo su amor y apoyo durante mis dificultades. Cuando llegué a su casa, me enteré de que habían viajado fuera de Nueva York para una cruzada. Luego, en el año 2003, conocí a una joven que solía recoger a su hija de tres años de la escuela y la traía al lugar donde yo trabajaba. Trabajaba con ella en la misma empresa de seguridad y, tiempo después, me dijo que estaba cansada de vivir en Nueva York y que quería regresar a Nigeria. Entonces le pregunté por qué. Me respondió que estaba harta porque tenía dificultades para obtener sus documentos legales para vivir en Estados Unidos. Declaró que los hombres que conoció y que querían ayudarla con documentos legales le exigieron acostarse con ella antes de poder ayudarla. Ella no quiso hacerlo porque solo quería que presentaran la solicitud para ella y su hija. Por lo tanto, decidió regresar a Nigeria.

Un día, en horario laboral, me llamó y me pidió que adivinara en qué estaba pensando, pero le dije que no podía adivinarlo. Entonces me dijo que deseaba que la atropellara un coche o tener un accidente. Le pregunté por qué pensaba eso. Me contó que no podía obtener la residencia legal. Decidió que quería volver a Nigeria, pero le dije que no pensara en tener un accidente porque creía que Dios se haría cargo de su situación. Bueno, yo no sabía que los enemigos ya habían programado lo que ella había dicho, y su deseo se cumplió.

UNA TORMENTA EN MEDIO DE UN ACCIDENTE

Un invierno, hubo una tormenta de nieve y esa tarde, después de salir del trabajo, tomé mi bolso y fui directo a la estación de tren. Entonces, la señora con la que trabajaba corrió tras de mí y me llamó para que volviera. En cuanto regresé a la oficina, me dijo que su supervisor, con quien había trabajado por la mañana, vendría a recogerla para llevarla a casa. Me dijo que le pediría a su supervisor que me llevara a casa también, pero le dije que prefería tomar el tren. Ella dijo que con este clima tormentoso, y yo respondí que sí, pero dijo que era peligroso ahí afuera. Así que, ambas esperamos a que llegara su supervisor. Cinco minutos después, llegó el supervisor y cerramos la puerta del estacionamiento. En el momento en que entramos al auto y salimos del estacionamiento para ir a la calle, oí un estruendo. El auto que estaba estacionado en el lado izquierdo de la calle salió del estacionamiento y chocó contra la camioneta en la que yo estaba. La minivan dio tres vueltas de campana y giró sobre sí misma hasta llegar a la entrada del Hospital del Condado de Kings. En ese momento me asusté y pensé que el accidente había sido el deseo de la mujer. Debí haber escuchado la voz que me decía que me fuera y no esperara, pero ya era demasiado tarde. Me quedé en blanco, no podía pensar más. Sabía que así es como muere la gente en un accidente de coche tan horrible en el momento en que la furgoneta volcó. No podíamos salir del coche y podía oír los gritos de la mujer. Sabía que ese era su deseo y sucedió. La policía y los bomberos intentaron por todos los medios abrir la puerta, pero no pudieron. Seguíamos atrapados porque la furgoneta seguía volcada. Las lágrimas corrían por mis mejillas porque la furgoneta seguía volcada y la puerta no se podía abrir, pero Dios fue tan bueno conmigo, y no lo supe hasta que envió a su mensajero para rescatarme. Vi una luz brillante que brillaba a través de la parte trasera de la furgoneta en la que iba, y vi a alguien con una prenda blanca brillante que extendió la mano y la puerta se abrió. Me tomó de la mano y me sacó de la furgoneta. El vehículo giró y siguió su camino, y nadie supo cómo sucedió. El ángel giró la minivan hacia donde iba. El Señor había enviado a su ángel para rescatarme, pero lo único que vi en el suelo fue mi cuerpo inerte mientras los paramédicos me llevaban, junto con mi compañero de trabajo, a la sala de emergencias del condado de Kings. Supe que mi espíritu había abandonado mi cuerpo en el momento en que el ángel vino y me rescató en medio del accidente. Seguí al ángel hasta que llegamos al Gran Trono Blanco, donde estaba escrita la inscripción: "Anciano de Días". Vi a veinticuatro ancianos; estaban sentados en el trono y adoraban a Dios día y noche. Disfruté de todo lo que el ángel me mostró. Su forma de adorar a Dios era diferente a la forma en que lo adoramos en la tierra. Estaba disfrutando de ese pequeño momento de vida cuando el ángel me dijo que nos dejáramos ir. Mientras nos íbamos, podía oír voces que cantaban y gritaban "Aleluya!" al Señor, pero no podía ver a quienes cantaban. Cuanto más nos acercábamos, más oía la música. Cuando llegué, vi a mucha gente con túnicas blancas y brillantes. Llevaban coronas de oro con estrellas alrededor, y nada se le comparaba. Sus telas de lino eran tan brillantes y resplandecientes. No había visto túnicas así en la tierra, pero podía oírlos cantar Aleluya al Rey de Reyes y Señor de Señores. El ángel me dijo que esos santos que veía esperaban la segunda venida de Jesucristo y que los que durmieron en el Señor resucitarían con Él. Continuamos nuestro viaje hasta que vi la Nueva Jerusalén; la ciudad y los cimientos del edificio estaban hechos de oro por todas partes, nada se le comparaba.

> "Vi un cielo nuevo y la primera tierra había desaparecido; ya no existía el mar. Y yo, Juan, vi la Ciudad Santa, la Nueva Jerusalén, que descendía del cielo, de Dios, preparada como una novia vestida hermosa para su esposo."
>
> (Apocalipsis 21:1-2).

Mientras avanzábamos, comencé a oír a la gente llorando y pidiéndole a Dios que los sacara de allí. Cuanto más nos acercábamos, más cerca podía oír sus voces. Llegamos a una puerta abierta con la palabra «Infierno» escrita en ella. Entonces vi a una mujer suplicando ser salvada; el fuego le quemaba la piel de pies a cabeza. Se había negado a aceptar a Jesucristo como su Señor y Salvador, incluso después de que le predicaran el evangelio. La mujer podía verme, pero no al ángel que estaba a mi lado. Me pidió agua para calmar su sed, pues el fuego era demasiado intenso. En el Infierno también había otras personas: fornicadores, adúlteros, asesinos, idólatras, ladrones, personas rencorosas, mentirosos, brujas y hechiceros, todos ellos víctimas del fuego infernal.

> Había un hombre rico que se vestía de purpura y lino fino y lucía suntuosamente cada día. Pero había un mendigo llamado Lázaro, cubierto de

llagas, que yacía a la Puerta del rico, deseando alimentarse con las migajas que caían de su mesa. Incluso los perros venían y le lamían las llagas. Así murió el mendigo, y fue llevado por los ángeles al seno de Abraham El rico también murió y fue sepultado. Y estando en el Hades, atormentado, alzó los ojos y vio a Abraham a lo lejos y a Lázaro en su seno. Entonces clamó: "Padre Abraham, ten misericordia de mí y envía a Lázaro para que moje la punta de su dedo en agua y me refresque la lengua, porque estoy atormentado en el fuego".

Lucas 16:19-24.

Fue muy triste ver la velocidad a la que tanta gente se dirigía al infierno. Pastores, diáconos, diaconisas, trabajadores de la iglesia, ancianos, supervisores generales, obispos y muchos miembros de la iglesia que adoraban a Dios estaban entre los que iban al infierno. En el momento en que el ángel se detuvo, pensé que había llegado a mi destino, pero el ángel me hizo señas para que lo acompañara. Había un gran letrero a la derecha con una palabra escrita en él. A menos que un hombre nazca de nuevo, no puede ver el reino de Dios. En el letrero de la izquierda del post, decía que Ancho es el camino que condujo a la destrucción; mucha gente entra en él. En el pequeño poste derecho decía, "Estrecha es la puerta que lleva al cielo, y pocos entran por ella". Al final de este poste izquierdo había un demonio temible, tan alto como un poste de luz. Tenía una barra de hierro en la mano, su cabello parecía el de un loco y vestía una especie de tela desgarrada con unos calzoncillos cortos. Era negro, tenía dientes como uñas y ojos rojos como llamas. Su única misión era hacer Ja! Ja! Ja! continuamente. Había un ángel a la derecha, vestido con una túnica blanca. La túnica era blanca, y nada se le comparaba en este mundo. Tenía un cinturón de oro y una corona de oro, con estrellas alrededor. Al frente había una cruz de oro, y el ángel llevaba guantes blancos y zapatos dorados. Su deber era gritar Aleluya eternamente. Lo que realmente me asustó fue ver a toda esa gente que moría, temblando, y a nadie decirles adónde ir. Vi a incontables personas girando a la izquierda, dirigiéndose al infierno, y a nadie decirles que fueran allí. Aprendí que nadie iba en la dirección correcta, excepto unos pocos: solo uno por persona, a veces tres. Entre toda la gente que iba a la izquierda, había pastores, evangelistas, ancianos, diáconos, diaconisas, trabajadores de la iglesia, miembros de la iglesia e incrédulos; todos se dirigían al infierno. Cuando llegué allí, vi el de la izquierda y rápidamente corrí hacia la derecha, donde el ángel gritaba Aleluya!, y pasé por allí.

10

BIENVENIDOS AL PALACIO DE LA SALVACIÓN

Allí había un muro y no sabía de dónde venía. El muro era alto y de oro. Al llegar al muro, no había manija para abrirlo ni rastro de puerta. En el momento en que llegabas, se oía un estruendo y el gran muro se abría solo sin que nadie lo tocara. En cuanto entré, el muro se cerró solo y, mientras seguía mi camino, vi una gran casa y algo grande escrito en la entrada. BIENVENIDO AL PALACIO DE LA SALVACIÓN. EXAMINAREMOS SU PECADO ANTES DE QUE SIGA ADELANTE. En el momento en que llegué a la entrada, la puerta se abrió sola. Al entrar, vi a esas personas que habían muerto temblando. Al llegar allí, pregunté a la gente que me rodeaba qué sucedía, pero nadie respondió. En el momento en que llegué, vi a un ángel mirando hacia el cielo, sin decir palabra. De repente, oirás una voz del cielo y te llamarán por tu nombre. Por ejemplo, Aderonke, hija de Jaiyeoba, fuiste salvada en un año, mes, semana, día, hora, minutos y segundos específicos en este lugar. Antes de continuar, te imploraremos que perdones tus pecados y, en el momento en que se mencione tu nombre, te encontrarás inesperadamente frente al ángel. El rostro del ángel era grande y redondo, y el rayo de luz que emanaba de él parecía una linterna. El ángel bajaba la mirada, inclinaba la cabeza y observaba a la persona poco a poco hasta que esta llegaba a la punta de su pie. El rayo de luz que emanaba del ángel era como fuego ardiente, como si arrojara a la persona al fuego, y la persona gritaba: ¡Ja! ¡Ja! ¡Ja! Cuando la persona gritaba, el ángel no le prestaba atención y simplemente la miraba hasta llegar a su pie. Inmediatamente, la persona llegaba a la punta del pie del ángel, y aparecía una gran pantalla a un lado, parecida a un televisor. El ángel miraba la pantalla y cada pecado que la persona había cometido y del que no se había arrepentido antes de morir aparecía en ella. Pecados como beber, fumar, fornicar, la ira, el asesinato y la falta de perdón aparecían en la pantalla. Si la persona no se arrepentía antes de morir, iría al infierno desde allí. El ángel mirará a la persona y dirá: Ja! Ja! Ja! Señalará el rostro de la persona y dirá: "Por qué te negaste a ser purificado por la Sangre del Cordero antes de llegar aquí?" La persona suplicará perdón y el ángel negará con la cabeza. Inmediatamente una voz del Cielo dirá: "Vete!" Y una tormenta surgirá de la nada y arrastrará a la persona al Infierno.

Había un anciano siervo de Dios que llegó al Palacio de la Salvación. Este hombre había servido a Dios durante muchos años, y lo que lo atormentaba era la ira. Un día, escuchó una discusión con su esposa, y su vecino los ayudó a mediar. Cada vez que su esposa lo ofendía, él recordaba lo que ella le había hecho en el pasado. En lugar de perdonarla y olvidar, se enojaba con ella. Cuando el hombre murió y llegó al Palacio de la Salvación, el ángel no le permitió entrar. Inmediatamente, la ira se manifestó en su rostro, el ángel gritó, señaló al siervo de Dios y le dijo: "Siervo del Altísimo, has servido a Dios durante tantos años, por qué no permitiste que la Sangre del Cordero te purificara de la ira antes de venir aquí?". El hombre dijo que era obra del diablo. Entonces el ángel le preguntó: "Puedes repetir lo mismo cuando veas al diablo?". Y el hombre de Dios respondió que sí. Inmediatamente, apareció el diablo. Era alto y moreno; tenía la boca llena de sangre y vestía un paño. Una parte era roja y la otra negra, y el diablo exclamó: "Ja, ja, ja! Por qué me llamaste?". El ángel le preguntó: "Por qué no dejaste que este hombre se desahogara cuando quiso?". Entonces el diablo exclamó: "¡Ja, ja, ja!" y se volvió hacia el hombre, diciéndole: "Quería hacerte una pregunta; dijiste que querías desahogarte, y no te lo permití. Mira este paño, ¿cuál llevaba puesto el día que no te dejé desahogarte?". El hombre no lo sabía, porque una parte era negra y la otra roja, y el diablo se marchó. Entonces oí una voz del Cielo y la tormenta (Iji en yoruba) surgió de la nada y llevó al anciano al Infierno. El hombre gritó y suplicó: Ten piedad de mí, pero el ángel no le prestó atención. En el momento en que vi eso, sentí miedo y terror. Después vi otra habitación, pero tenía que atravesar la pared para entrar por esa puerta. Al llegar al estrecho pasillo, llegué al Salón. En ese Salón, vi a un ángel alto y enorme con una túnica blanca y brillante. Su túnica era tan brillante y radiante que nada se le comparaba. Nunca había visto una túnica blanca tan brillante en la Tierra. El enorme ángel estaba de pie en una esquina de la habitación. Su rostro no sonreía ni fruncía el ceño. Se quedó allí, observando a la gente de toda la nación que entraba en la habitación. En el momento en que se abrió la puerta, vi una pared entre las dos puertas, y en cuanto la pared se abrió, se vio la habitación.

Salón de la Restitución

Esta sala era el Salón de la Restitución, y aquellos que no restituían sus pecados antes de morir irían al Infierno. Vi a todos los que morían temblando y estremeciéndose en el momento en que entraban en la sala, porque nadie sabía qué sería de ellos al entrar. Aquellos que no restituían sus pecados antes de morir irían directamente al Infierno desde allí. La tormenta aparecía de repente y los arrojaba al Infierno en el momento en que se marchaban. Habiendo visto esto, yo también temblaba, porque no sabía qué sería de mí. Entonces el Señor Jesús se me apareció y me dijo que no tuviera miedo, que Él estaba conmigo. En el momento en que el Señor dijo eso, mi miedo desapareció y supe que la presencia del Señor estaba conmigo. Tú, hijo mío, debes escribir todo lo que veas y oigas acerca de mi pueblo. El Señor me mostró a una mujer que le sirvió toda su vida. La mujer no se apartó de Él y se tomó en serio su servicio al Señor, pero su marido era malvado. El marido nunca iba a la iglesia con ella y era tacaño. Su marido era muy rico y cada vez que la mujer le pedía dinero para cocinar o para la matrícula de los niños en la escuela, él siempre le daba muy poco. Entonces, un día, cuando la mujer recogió la ropa de su marido para lavarla, encontró una gran cantidad de dinero en su bolsillo. La mujer tomó el dinero y lo gastó en comida, y no le dijo nada a su marido. La mujer murió y cuando llegó al Salón de la Restitución, no le permitieron entrar. El ángel en el poste le explicó a la mujer por qué se le negaba la entrada. Le preguntó por qué no le había dicho a su esposo que había tomado el dinero de su bolsillo. La mujer respondió que no lo había gastado en sí misma, sino en su familia. Entonces el ángel le respondió que, aunque su esposo era malvado y tacaño, eso no le había dado la oportunidad de gastar el dinero. El ángel volvió a hablar y dijo que eso era robar, porque el dinero no le pertenecía. Entonces esta mujer oyó una voz del cielo: "¡Vete!". Y la tormenta y el torbellino llegaron y la arrojaron al infierno. Aunque sirvió a Dios toda su vida, terminó yendo al fuego del infierno. Hay algo en tu vida que necesites restituir antes de morir? Por lo tanto, haz ajustes antes de que sea demasiado tarde. Si crees que has tomado cosas que no te pertenecen, por favor, devuélvelas antes de que sea demasiado tarde.

SALÓN DEL PERDÓN

Tres minutos después, llegamos a otra habitación y había una palabra escrita en ella: Bienvenidos al Salón del Perdón. Además, estaba escrito que **"SI NO PERDONÁIS A LOS HOMBRES SUS PELIGROS TAMPOCO VUESTRO PADRE CELESTIAL VUESTRO PELIGRO VUESTRO PELIGRO. (Mateo 6:15)."** Si albergas rencor, no puedes entrar en ese Salón. Había un hombre entre los que acudieron al **Salón del Perdón** pero le negaron la entrada porque se había propuesto en su corazón no perdonar jamás a su esposa por lo que había hecho. El ángel que estaba en la puerta miró al hombre y le preguntó por qué no perdonaba a su esposa por lo que había hecho. El hombre respondió que no sabía que su vida se truncaría de esa manera. Entonces el ángel le respondió que, puesto que no había perdonado a su esposa, tampoco su Padre Celestial lo perdonaría a él. Un instante después, oí una voz del Cielo que dijo: "Vete!". Y llegó la tormenta, se llevó al hombre y lo condujo al fuego del infierno. El hombre gritó y pidió auxilio, pero el ángel no le prestó atención. Después de la Sala del Perdón, fuimos a **Salón de la Responsabilidad.**

SALÓN DE LA RESPONSABILIDAD

En esto **Salón de la Responsabilidad** había un ángel que cruzaba las manos y no decía ni una palabra ni reía. Al otro lado, no muy lejos de donde estaba el ángel, se encontraban cuatro pilares con una pantalla, bastante alejada de donde se hallaba el ángel. En la parte inferior de la pantalla había algo que parecía una máquina de escribir o un teclado. Cuando se llamaba a una persona, esta se encontraba frente al ángel. Entonces, algo la obligaba a ponerse de pie y comenzaba a hablar de todo lo que había hecho en la Tierra antes de morir. En el momento en que la persona empezaba a hablar, la computadora comenzaba a escribir todo lo que había hecho en el papel. Por ejemplo, la persona decía: "Yo, fulano, fulana, embaracé a tal persona y la obligé a abortar mientras estaba en la Tierra". La persona decía: "Yo, fulano, fulana, robé el banco y asesiné a tanta gente". Cuando era bruja, le provoqué ceguera a la hija de mi amiga porque no quería que triunfara en la vida. Quería que mi hija fuera mejor que la de mi amiga. Cuando la hija de mi amiga entró a la universidad, sentí celos y decidí vengarme matándola. En vida, la persona mencionaba todo lo que había hecho y, después de hablar, la máquina de escribir se detenía. El ángel miraba la pantalla y el papel salía de la máquina de escribir, elevándose por los aires y colocándose sobre cuatro pilares. Entonces, la persona se acercaba a esos cuatro pilares y comenzaba a confesar que era cierto que había hecho todo eso en vida y que había muerto. Si la persona olvidaba mencionar todo lo que había hecho, volvía con el Ángel y decía: "Señor, olvidé mencionar que hice esto o aquello". Entonces la máquina de escribir volvía a teclear hasta que la persona terminaba. Si la persona se arrepentía antes de morir y era lavada por la sangre del Cordero, la sangre aparecía de la nada y borraba todos los pecados que había cometido. Si la persona no se arrepentía antes de morir, iba al Infierno desde ese **Salón de la Responsabilidad**.

SALÓN DE LOS VANIDOSOS

Después de todo esto, me encontré en el **Salón de la Vanidad.** En esta sala, se revelaría cada palabra vana que una persona pronunciara. Todas las palabras que salieran de su boca serían palabras necias; las palabras lujuriosas simplemente saldrían de la pantalla. El ángel que estaba en la entrada solo observaría. No le diría una palabra a nadie. Cualquier palabra vana alterada, chistes que la persona hubiera mencionado mientras predicaba en la iglesia, aparecerían en la pantalla. La persona intentaría dejar de hablar, pero no podría. Continuaría alterando esas palabras hasta que la pantalla se llenara. Quien se arrepintiera o fuera lavado por la Sangre del Cordero sería limpiado de la palabra vana. La Sangre de Jesús vendría de la nada y borraría todas esas palabras vanas que la persona había dicho si se había arrepentido y nunca había vuelto a las palabras vanas. Algunas personas siguen volviendo a esa palabra vana incluso después de haber sido lavadas por la Sangre de Jesús, y en este caso, la sangre simplemente borraría la parte de la palabra vana de la que la persona se había arrepentido. Si la persona no se arrepintiera en absoluto, pasaría del Salón de la Vanidad al Infierno cuando oyera partir la palabra.

SALÓN DE LO DADO

En este Salón de los Oficios, había una gran palabra escrita frente al edificio. La palabra decía,

"Acaso roba el hombre a Dios? ¡Pues tú me has robado! Y tú dices, "En qué te hemos robado?"

"En los diezmos y las ofrendas". Eres un maldito con una maldición, porque me has robado, a mí, a toda esta nación. Traigan todos los diezmos al alfolí, para que haya alimento en mi casa. Y pruébenme ahora en esto —dice el Señor de los Ejércitos—: "Si no les abriré las ventanas de los cielos y derramaré sobre ustedes bendición hasta que sobreabunde".

(MALAQUÍES 3:8).

En este Salón de la Ofrenda, los cristianos que no pagaban su diezmo iban a ser condenados al infierno. Cuando entrabas en esa habitación y el ángel del Salón veía que no habías pagado tu diezmo, oías una voz del cielo que decía: «¡Vete!». Descubrí que los mismos ojos que usaban para mirar a un ladrón en la tierra eran los mismos que usaban las huestes celestiales para mirar a un cristiano que no pagaba el diezmo. El ladrón en la tierra roba a la gente, pero un cristiano que no paga su diezmo roba a Dios. Así que, si no has estado pagando tu diezmo a Dios, le estás robando y podrías acabar en la destrucción eterna. El infierno no fue creado para gente como nosotros, pero muchos habían elegido el lugar al que querían ir. Muchos eran atormentados por el demonio debido a sus pecados de fornicación, adulterio, desobediencia, rencor, idolatría, avaricia, codicia, mentir y asesinar no pueden entrar al Cielo. En una parte del Cielo, había una habitación para niños. Los niños habían sido colocados en la habitación porque sus madres los habían abortado. Si la madre de ese niño muría y ascendía al Cielo, el niño gritaba: "Amigos, mi madre ha venido". En el momento en que la madre llegaba, el niño la abrazaba. Si la madre se había arrepentido y había entregado su vida a Cristo, los niños regresaban a su habitación. Pero si la madre no aceptaba a Jesús en su vida y ascendía al Cielo, entonces los niños le preguntaban por qué había abortado, y le decían en qué se habría convertido ese niño: abogado, médico, contador, enfermero o ingeniero. Estos niños se reían y decían que harían lo mismo que la madre le había hecho a él o ella. Entonces, los niños la despedazaban y la arrojaban al Infierno. Si te quedas embarazada por accidente, por favor, no abortes, porque es detestable para el Señor.

Había 15 salones antes de ir al **PUERTA DEL CIELO.** No llevabas ropa porque estabas desnudo. Pero cuando salgas del último Salón y estés a punto de llegar a la **Puerta del Cielo**, no sabrás cuándo te cubrieron con la ropa. En la puerta había una gran palabra escrita: **BIENVENIDO A LA CIUDAD DEL REY DE LA GLORIA, NINGUNA COSA IMPURA PASARÁ POR AQUÍ. CONTESTAREMOS TU PECADO.** El ángel del palacio tenía ojos hacia adentro y hacia afuera. Todo su cuerpo estaba lleno de ojos. El ángel era transparente y la gloria en el Salón no se puede comparar con la de otros. Muchos cristianos fueron al infierno desde allí. Antes de entrar por la Puerta del Cielo, había un lugar donde se recibía la sangre de Jesús. Había una gran cruz en ese lugar y, en el momento en que llegabas, veías a este ángel. Entonces, una gota de sangre caía en tu boca y la sangre salía por tus oídos, ojos y boca. Después de recibir la sangre, el ángel te daba la bienvenida al Cielo. Cuando me tocó el turno y llegué a la cruz, el ángel dejó caer sangre en mi boca. La sangre salió por la nariz y los oídos y, al llegar a la Puerta del Cielo, el ángel que me acompañaba dijo: "Bienvenida al Cielo, hija del Altísimo". En el momento en que entré, grité: "Papá, papá, papá Jesús, lo logré, por fin estoy en casa!". Entonces vi al Señor Jesús en su gloriosa apariencia. Era tan alto, y estaba recostado entre los veinticuatro ancianos que lo adoraban día y noche. Cuando el Señor me vio, me dijo: Hija mía, has llegado al cielo. El Señor me cuidó y me dijo, Me alegro mucho de que hayas llegado. Entonces, de nuevo, oí la voz del Señor y me dijo: «Hija mía, escribe todo lo que veas y oigas. Ve y advierte a los que aún viven que se arrepientan y vuelvan a mí. Hazles saber que el Cielo es real, al igual que el Infierno. Todas estas personas que ves camino al Infierno eligieron su propio camino. No se arrepintieron antes de morir. Hazles saber a los que aún viven que hay esperanza de arrepentimiento para enmendar sus caminos, Entonces, respondí de nuevo: "Padre, por fin vuelvo a casa". Entonces el Señor Jesús dijo: "Hija mía, aún no es tiempo de volver a casa. Debes regresar y contarle a mi pueblo lo que ves y oyes acerca de mi plan para ellos. Muchos eligieron el camino de la destrucción, pero yo soy un Dios misericordioso. Sabías que los enemigos querían que murieras joven? Pero no es mi voluntad que mueras joven. Todavía hay muchas cosas que debemos hacer juntos. Te estoy preparando para ser un instrumento útil en mis manos". Debes regresar porque aún tienes trabajo que hacer en la tierra. Yo he vencido a los muertos y seré tu Dios hasta que te crezca el cabello. Le quité la vida a esta joven por ti, porque estabas en la misma camioneta con ella. Si no hubieras estado en la camioneta, la joven podría haber muerto y terminado en el infierno. "Eres una de mis hijas, por eso envié a mi Ángel para evitar que la camioneta se estrellara". "Ve, hija mía, y proclama lo que el Señor ha hecho por ti. Ve, yo soy tu Dios y estaré contigo". Me paré ante el Trono de Dios y sentí que una mano me tocaba, pero no vi a nadie. Dije: "Padre, quiero ver tu rostro", y Dios dijo: "Nadie puede ver mi rostro y vivir, pero tú puedes tomar mi mano". Recuerdo en la Biblia cuando Moisés dijo que quería ver a Dios, y Dios le dijo que solo podía ver su espalda. La voz del Señor dijo: "Hija mía, siempre estoy contigo; prepárate para la manifestación de mi obra y siempre guiaré tus pasos". El Ángel que vino conmigo me acompañó de regreso y salimos por la puertahacia un campo abierto, y entonces me encontré en medio de un accidente sin ningún hueso roto. Estaba viva y sana porque Dios me salvó la vida de ese accidente automovilístico. Cuando llegué al hospital, el médico de urgencias descubrió que no teníamos ningún hueso roto. Fue un milagro de cómo mi Padre Celestial me salvó la vida en aquel accidente de coche y sigo vivo hoy.

12

JESÚS ES EL AGUA DE VIDA

UNA NOCHE, DESPUÉS DE TERMINAR MI oración y lectura de la Biblia, me fui a dormir. Esa noche, vi una luz blanca brillante que entró por mi ventana. Tuve una visión, y en la visión, salí de la casa, cerré la puerta con llave y vi a una anciana que se acercaba. La anciana me pidió agua para beber, pero no tenía agua en casa. Le dije que iba a la ciudad a buscar agua. En el momento en que terminé de hablar, el Señor Jesús se me apareció en su gloriosa apariencia y me dijo que le diera el agua a la mujer. Le respondí: "Lo siento, Señor, pero no tengo agua". Entonces vi que el cielo se abría y un ángel de Dios descendía del cielo con una túnica blanca y resplandeciente, incomparable a cualquier otra. El ángel me dijo que lo siguiera y, mientras me marchaba, fui elevado en espíritu a un lugar hermoso. Cuando llegué al lugar, ya no vi al ángel, pero el Señor Jesús estaba a mi lado. El Señor me tomó de la mano y llegamos a un lugar donde vi a mucha gente haciendo fila, pero no entendía por qué estaban allí. El Señor Jesús me miró y me dijo: «Hijo mío, ven y mira». En cuanto llegué, vi una gran roca en una esquina y la gente usaba un recipiente para sacar agua de ella. El Señor me dijo: "Hijo mío, toca la roca". Y en cuanto la toqué, brotó agua. Vi la emoción en los ojos de la gente y todos entregaron sus vidas a Cristo.

> Y el Señor habló a Moisés, diciendo Toma la vara, y tú y tu hermano Aarón reúnan a la asamblea. Hablen a la roca delante de ellos, y ella dará agua. Sacarán agua de la roca para que la comunidad beba, y ellos y sus ganados también. Entonces Moisés tomó la vara de la presencia del Señor, tal como él le había ordenado. Él y Aarón reunieron a la asamblea frente a la roca, y Moisés les dijo: Escuchen, rebeldes, ¿acaso tenemos que sacar agua de la roca?. Entonces Moisés alzó el brazo y golpeó la roca dos veces con su vara. Brotó agua a borbotones, y la comunidad y sus ganados bebieron.
>
> (Núm. 20:6-10).

Tienes sed de Dios o anhelas un cambio en tu situación? Por favor, acude a Jesús antes de que sea demasiado tarde. Él es el único que puede darte el agua de la vida gratuitamente. La salvación es gratuita; no tienes que pagar por ella porque Jesús ya lo hizo. Jesús vino al mundo a morir en tu lugar. Pagó la pena por tu pecado. Así que no dejes que sea demasiado tarde. Jesús es el único camino al Cielo. Juan 3:16 dice: "Porque de tal manera amó Dios al mundo, que dio a su Hijo unigénito, para que todo aquel que en él cree no se pierda, sino que tenga vida eterna". Dios te amó tanto que no quiere que ninguno de sus hijos se pierda. Alguna vez has pensado dónde pasarás la eternidad? En el Cielo o en el Infierno? Elige uno porque Dios no quiere que ninguno de sus hijos vaya al infierno. El infierno está preparado para el diablo y sus demonios. El infierno no está preparado para personas como nosotros. Para aquellos que no creían en el infierno, es mejor que crean antes de que sea demasiado tarde. Es mejor que crean que el infierno es real, es un lugar de fuego por toda la eternidad. El cielo también es real, es como un paraíso. El cielo es el trono de Dios y una mansión para vivir. Para pasar la eternidad con Dios, debes vivir una vida piadosa, dedicarte al evangelismo y ganar almas, y también gastar tu dinero para Dios te ayudará a ganarte tu lugar en el cielo. Si vives en pecado, debes acudir a Dios arrepentido y pedirle que te perdone y aceptar a Jesús en tu corazón como tu Señor y Salvador personal. Elige el cielo! Antes de que sea demasiado tarde. Jesús te ama.

13

DOS ÁNGELES CON DOS CAJAS ESPECIALES Y UNA BOLSA DE REGALO

Después de mi encuentro con el Señor Jesús en el Cielo, acompañé a mi Ángel Guardián de regreso y descendimos a mi habitación. Esa noche, me encontré en la cama y le di a Dios toda la gloria y adoración por lo que había hecho en mi vida. A la mañana siguiente, me levanté y me preparé para ir a la escuela. Cuando llegué a la escuela, fui al Club de la Fraternidad Cristiana Unida y dirigí un estudio bíblico con un grupo de estudiantes. Al final de la sesión, la mayoría de los estudiantes me pidieron que orara por ellos y oré con ellos. Al final del día, algunos estudiantes regresaron conmigo diciendo que su oración había sido respondida. Durante mi sesión de oración, conocí a una mujer que dijo que había sido atacada por demonios y que no podía dormir por la noche. Oramos juntos para que el Señor interviniera en su situación. Cuando llegué a casa esa noche, tomé mi libro de Oración para la Lluvia que me había dado el Dr. Olukoya y comencé a orar por esta mujer. Mi oración fue: "Ato a todo espíritu maligno en la vida de esta mujer en el nombre de Jesús". La bañé en la sangre de Jesús y la rodeé con el fuego del Espíritu Santo. Durante las horas del club, intercedimos juntos por ella y, al final, ya no vio a esos demonios. El Señor la había liberado de la mano del diablo. Dos semanas después, estaba sentado afuera del edificio de la escuela disfrutando del aire fresco. Tenía una Biblia de bolsillo del Nuevo Testamento en la mano. Estaba leyendo el libro de los Salmos cuando vi una luz brillante que resplandecía en mi dirección. La luz era tan brillante que no pude verla más. Pensé que los estudiantes que se sentaban a mi lado habían visto la luz, pero no fue así. Mi compañera de clase me miró y dijo: Ronke, el sol. Le dije que no era el sol, sino que parecía como si alguien hubiera encendido la luz. Mientras hablábamos, vi a dos hombres con una túnica blanca brillante que bajaban de una escalera. Me preguntaba cómo era posible que yo viera a estos dos hombres con una túnica blanca brillante y mis amigos no pudieran verlos. Los dos ángeles se acercaron a mí mientras hablaba con mi amigo y me hicieron señas para que guardara silencio. Entonces pregunté: "Es posible que mi amigo los vea y los oiga?". Y uno de ellos dijo que no. "Solo pueden oírme hablar conmigo mismo". Les pregunté qué querían de mí y uno de ellos dijo: "Hice un recado para Jesús". El otro ángel dijo: "Me conoces muy bien. Siempre estoy contigo". Le dije: "Eres mi ángel de la guarda" y él respondió: "Sí, tienes razón". ¿Para qué eran esas dos cajas y esa bolsa de regalo que tenías en la mano?, pregunté. Los ángeles sonrieron y dijeron que esas dos cajas y esa bolsa eran un regalo de tu Padre Celestial para ti. Los ángeles dejaron caer las dos cajas y la bolsa frente a mí. Dentro de la bolsa, vi una carta escrita con el Dedo de Dios y le dije al ángel que no entendía lo que estaba escrito. Le pedí al ángel que me leyera la carta y uno de ellos respondió que eso era entre tú y tu Padre Celestial. No teníamos derecho a leerte la carta y en el momento en que dijo eso, el miedo me invadió. Diez minutos después, mi ángel guardián dijo que teníamos que regresar y que debías venir con ellos. ¿Por qué?, pregunté. El ángel dijo que era una orden de tu Padre Celestial. De nuevo, el miedo me invadió en el momento en que nos dirigíamos al Cielo porque estaba preocupado por lo que estaba escrito en esa carta. Entonces, recuerdo un pasaje del Libro de Daniel cuando el rey Belsasar festejaba en su palacio con sus señores, esposas y concubinas usando los vasos de oro traídos de Jerusalén al templo. Cuando estaban celebrando un banquete en el palacio, había una escritura en la pared y el rey se turbó al verla. Nadie pudo entender la escritura en la pared excepto Daniel (Daniel 5:1-5). Los ángeles vieron mi temor y uno de ellos me dijo: «No temas, sabía que algo bueno saldría de ello». Entonces extendió su mano hacia mí y me dijo: «Ven conmigo». Pensé que estaba soñando en el momento en que extendí mi mano hacia él, pero no era así. Al llegar al cielo, vi una alta pared dorada que no tenía manija para abrirse. En el momento en que llegamos a la pared, oí un estruendo y la pared se abrió sola. Me encontré en un gran y hermoso salón, un edificio incomparable. Era una hermosa mansión como la que Juan describió en el libro del Apocalipsis. Iba por el sendero angosto hacia aquel hermoso salón cuando el Señor Jesús apareció en su gloriosa apariencia. Mis ojos no pudieron contemplarlo. Vestía una hermosa túnica blanca, incomparable a cualquier otra. Jamás vi en la tierra una vestidura blanca tan brillante. El Señor me dijo: «Hija mía, ven conmigo», y lo seguí. Me llevaron a un poste y en la esquina de ese poste había una cruz de oro. Aquellos que eran redimidos por la sangre del Cordero iban a esa cruz y recibían la gota de sangre antes de entrar al Cielo. En el momento en que llegué a la cruz, el ángel que estaba junto a ella puso la gota de sangre en mi boca y la sangre salió de mis ojos y oídos. Había sido redimida por el Señor. Todavía tengo la carta de Dios en mi mano y estaba desesperada por saber qué estaba escrito en ella. No me di cuenta de que la presencia del Señor estaba allí conmigo, aunque no lo viera; podía oír su voz y me dijo: «Hija mía, no temas lo que está escrito en esa carta». Había doce puertas de perlas y pasamos por una de ellas. En cierto momento, me vi ante el trono de Dios. Fue asombroso cuando vi diferentes instrumentos ante el trono de Dios. Cuando los santos alababan y adoraban a Dios en la tierra y las alabanzas llegaban al Cielo, ante el trono de Dios, Dios nos escuchaba. Nuestra alabanza magnifica a Dios, nos humilla nos motiva, aumenta nuestra alegría, fortalece nuestra fe y Eleva nuestras emociones. Las alabanzas centran nuestra atención en Dios, no en nuestros problemas. El poder, la presencia y la habilidad de Dios transforman nuestra manera de pensar. Cuando adoramos a Dios, obtenemos una visión correcta de nosotros mismos. La alabanza desinfla el orgullo y el ego excesivos. Obtenemos una autoimagen saludable, basada en la visión que Dios tiene de nosotros. Al eliminar el orgullo, la alabanza nos fortalece contra la tentación. Si amo a Cristo, lo alabaré. Si Él ocupa el primer lugar en mi vida, lo honraré con adoración y agradecimiento. La alabanza abre nuestros corazones para desear vivir como Dios desea, santos y apartados para Él, para hacer su voluntad por encima de la nuestra, para querer ser como Él más que como cualquier otra persona. Cuanto más lo adoremos, más nos pareceremos a Él. El gozo es el compañero constante de la alabanza. Si nos sentimos deprimidos o desanimados, alabar a Dios pronto nos traerá gozo. Cuanto más vemos a nuestro Dios, más pequeño vemos nuestro problema. La preocupación, el miedo y la duda no pueden sobrevivir mucho tiempo en un ambiente de alabanza. Cuando nuestra alabanza llegó al Trono de Dios, todo el Cielo se regocijó. Cuando Dios escuchó la alabanza de sus hijos, envió a su Ángel para entregar el mensaje a cualquiera de ellos. Cuando nuestras alabanzas suben, los milagros descienden. Disfrutaba de la vista del Trono de Dios. El ángel adoraba a Aquel que estaba sentado en el Trono. Lo adoraban día y noche. Incluso los veinticuatro ancianos se inclinaban ante el trono de Dios. En cierto momento, oí a los ángeles alabar a Dios con el sonido de la trompeta. La música que tocaban era tan divertida de escuchar y adorar al Rey de Reyes y al Señor de Señores. Cantaban Aleluya a Aquel que estaba sentado en el trono, por eso el libro de los Salmos dice:

> **Alabado sea el Señor!**
> **Alabad a Dios en su santuario;**
> **Alabadle por sus hechos poderosos;**
> **Alabadle conforme a su excelente grandeza!**
> **Alabadle con salterio y arpa!**
> **Alabadle con pandero y danza;**
> **Alabadle con instrumentos de cuerda y flautas!**
> **Alabadle con címbalos resonantes;**
> **Alabadle con címbalos resonantes!**
> **Todo lo que respira alabe al Señor.**
> **Alabado sea el Señor!**
> **(Salmos 150:1-6).**

Todavía tengo la carta de Dios en mi mano y comencé a contemplar la belleza del Señor. Cada ángel en el cielo tenía su propia tarea. Siempre estaban ocupados con las cosas de Dios. Ministraban a los hijos de Dios y hacían recados para Dios basándose en la información que Él les daba sobre Sus hijos. Poco después, el Señor Jesús tomó la carta en mi mano y dijo.

La carta de Jesús para mí

LA MANO AMABLE DE TU PADRE ESTÁ EXTENDIDA HACIA TI, HIJO MÍO. DECIDENSE HACER TODO LO QUE YO TE HE DICHO. BUSCA, PIDE Y LLAMA A LA PUERTA DE MI ESPÍRITU. TU DETERMINACIÓN GENERARÁ FUERZA. CON LA REFLEXIÓN, PUEDES VER QUE MI GUÍA HA SIDO MUY SUAVE Y GRADUAL. TU BÚSQUEDA PERSISTENTE CREARÁ REVELACIONES MÁS DEFINIDAS EN TU ENTENDIMIENTO. PERSIGUE Y POSEERÁS. MI QUERIDO ADERONKE, SOLO TU FE PUEDE LIMITAR LAS OBRAS DE MI MANO. NO MIRES LAS CIRCUNSTANCIAS, MÍRALO A MÍ, PORQUE YO TE ABRIRÉ UN CAMINO. NADIE ME HA BUSCADO EN VANO. ESPERO CON ANSIAS QUE ME LLAMES. YA HE VISTO LA NECESIDAD DE TU CORAZÓN Y YA ESTOY PREPARANDO LA RESPUESTA. MI AMOR ANTICIPADO ES ALGO QUE LOS MORTALES RARA VEZ COMPRENDEN. PIENSA EN ESTO Y TE EXPLICARÁ MUCHAS COSAS. DESECHA DE TU MENTE LA IDEA DE QUE DEBO SER SUPLICADO CON SUSPIROS Y LÁGRIMAS... TU PENSAMIENTO SOBRE MÍ NECESITA SER RENOVADO. INTENTA COMPRENDER QUE MI AMOR POR TI ES TAN GRANDE QUE, A MEDIDA QUE SE DESARROLLAN LOS PLANES QUE HE TRAZADO, SIGNIFICA MUCHO PARA MÍ SER COMPRENDIDO. COMPRENDER MI AMOR POR TI TE TRAERÁ GRAN ALEGRÍA PORQUE YO SOY EL SEÑOR QUE AMA COMO NINGÚN OTRO.

CADA TICTAC DEL RELOJ TE ACERCA AL CUMPLIMIENTO QUE HE DESTINADO PARA TI. NUNCA TE

ABANDONARÉ, MI QUERIDO HIJO ADERONKE. HE AQUÍ, ESTOY CONTIGO SIEMPRE. CON SUAVIDAD, PERMÍTEME RECORDARTE QUE ME PREOCUPO POR TI Y POR TUS NECESIDADES. ERES MI GLORIOSA CREACIÓN Y OBRA DE MIS MANOS. ENTRÉGATE A MI ESPÍRITU Y LIBERARÉ LAS FUERZAS PARA DESPEJAR LOS OBSTÁCULOS. PORQUE MI DESEO Y PROPÓSITO ES RESTAURAR EL AMOR Y DERRIBAR LAS BARRERAS QUE SE PRESENTAN ANTE TI. YO SOY EL SEÑOR. DATE CUENTA DE TU GRAN PRIVILEGIO: ERES MI HIJO AMADO ADERONKE. En esas dos cajas se te dio un don especial, y debes usarlo sabiamente. Esas cajas contienen el don de sanidad, palabra de sabiduría y el don de obrar milagros. El mismo poder que expulsa demonios es tuyo; debes aprender a usarlo sin cesar. El poder de bendecir tu vida está en ti; debes descubrir cómo usarlo buscándome a diario en oración. Después de que el Señor habló Su palabra, me encontré en otra parte del Cielo. Vi las doce Puertas de Perla; crucé una de ellas con el Señor Jesús. Me senté con el Señor y disfruté de la belleza del Cielo. Entonces el Señor comenzó a enseñarme Su palabra. Después de pasar tanto tiempo con el Señor, me encontré en mi habitación y le di toda la gloria y el honor por haberme elegido para ser un vaso en Su mano.

14

LLAVE PARA ABRIR LA PUERTA CELESTIAL

Acababa de terminar mi alabanza y adoración a medianoche y me quedé dormido. Alrededor de las 3 de la madrugada, me vi en la presencia del Señor. Cantaba: "El amor inquebrantable del Señor nunca cesa y su misericordia nunca termina". Mientras cantaba, vi al ángel ministrador, y ellos fueron ministrados conmigo. Más tarde, me acompañó un ángel al cielo. Cuando se abrió una pequeña puerta, entramos. Pasé entre esos santos con una vestidura blanca brillante. Su vestidura era tan blanca que nunca había visto una vestidura como esa en la tierra. Podía oírlos gritar "Aleluya" al Rey de reyes y Señor de señores. Estaba tan absorto en la forma en que estos santos alababan a Dios, y vi que miraban directamente hacia la luz del sol que brillaba en el cielo. La luz era tan brillante que ni siquiera yo podía mirar hacia esa luz solar porque podía cegarme los ojos. Cuando vi a estos santos, vi que en realidad miraban hacia esa luz. Me quedé allí, mirando a los santos gritando aleluya. El ángel que me acompañaba me dijo que debíamos ir y que el Señor me diría qué hacer. Mientras seguíamos caminando, me encontré con otros santos, todos cubiertos con vestiduras blancas. Le pregunté al ángel

que me acompañaba: quiénes eran esas personas? El ángel respondió
que eran santos que dormían en el Señor. El Señor Jesús les dijo que
los dejaran hasta su regreso. En cierto momento, noté que el ángel
se detuvo y ya no lo vi. Me quedé solo en la niebla del cielo. Cinco
minutos después, el Señor se me apareció en su gloriosa apariencia
y mis ojos no pudieron contemplarlo. Tenía un manojo de llaves
en la mano y el Señor Jesús me hizo señas para que lo siguiera, y lo
hice. Al llegar a cierto punto, se detuvo y entramos en un camino
estrecho. Al llegar allí, vi una pared alta de oro sin manija. La pared
se abrió sola antes de que llegáramos. Al cruzar al otro lado, llegué
a una habitación cerrada con llave y solo el Señor Jesús tenía acceso
para abrir esa puerta. Al llegar a la puerta principal, el Señor me dio
las llaves y me dijo que abriera. En el momento en que se abrió la
puerta pude ver el interior; era tan maravilloso. No vi la habitación
como aquella en la tierra. Parecía una mansión y le pregunté al Señor
qué habitación era, y el Señor respondió: «Hijo mío, Aderonke,
esta habitación te pertenece. Los ángeles habían estado preparando
materiales de construcción para tu hogar en el Cielo. Te ganaste este
material celestial gracias a tu labor de ganar almas para mí. Fuiste fiel
con el diezmo, según el libro de Malaquías. Propagaste el evangelio
distribuyendo tratados y la Biblia de bolsillo del Nuevo Testamento
a la iglesia que realizaba el ministerio en la prisión, y muchas vidas
se salvaron. Hiciste un gran trabajo de evangelismo y capacitando a
tus hijos para ganar almas para mí. Estoy muy orgulloso de ti, hijo
mío, y quiero que continúes con esa buena labor. Nunca desistas de
hacer el bien y continúa haciéndolo, y verás la recompensa. Vi que
muchos pastores, obispos y ancianos tenían una gran mansión en el
Cielo por todo su buen trabajo. Cuando vi la hermosa casa que el
Ángel construyó para mí, mi nombre estaba escrito frente al edificio. En esa habitación, vi muchas habitaciones, y el Señor me dijo
que pertenecen a mis hijos espirituales. Aquellos a quienes prediqué

y le entregué mi vida heredarían la habitación. El Señor me habló de nuevo: hija mía, aléjate del pecado y vive una vida santa, y disfrutarás de la presencia de tu Padre Celestial. Sabía que no merecía estar en la presencia del Señor, pero Él fue tan misericordioso y generoso conmigo. Si yo puedo experimentar la presencia del Señor que me llamó su hija, tú también puedes experimentar su presencia al aceptarlo como tu Señor y Salvador. Por favor, acepta a Jesús antes de que sea demasiado tarde para que tú también puedas disfrutar de su presencia.

15

MI ÚLTIMO DÍA EN EL CIELO

DESPUÉS DE QUE EL SEÑOR HABLÓ su palabra, me encontré en un hermoso jardín con hermosas flores de diferentes colores. En el momento en que toqué la flor para olerla, la flor gritó ¡Aleluya! Escuché la voz de un ángel que me dijo que esas flores que ves cantando Aleluya esperaban la llegada de los santos al Cielo. Fui con el Señor a una de las Puertas de Perla, nos sentamos y el Señor Jesús comenzó a enseñarme. Tenía un bolígrafo y un bloc de notas y comencé a escribir todo lo que el Señor me había dicho en esa visión. Tres minutos después, me elevé en mi espíritu y me encontré en mi habitación. Agradecí a Dios por haberme dado la oportunidad de estar en su presencia y por haberme elegido para ser un instrumento en su viña. Pensé que había cumplido toda la misión que el Señor me había encomendado, pero mi camino no termina ahí. Así fue como sucedió. Una noche, estaba en la cocina preparando la cena cuando oí que alguien me llamaba. Fui a la habitación de mi padre y le pregunté si me había llamado, y me dijo que no. Entonces volví a oír mi nombre alto y claro: Ronke, y no respondí. Por suerte, volví a mi habitación y volví a oír la voz. Entonces recordé que, de joven, escuché la misma experiencia mientras me quedaba con mi abuela, quien me contó una historia bíblica sobre un niño llamado Samuel (Samuel 3:1-10). Cuando me senté a hacer mis tareas, escuché la voz de nuevo y el Señor me habló: «Hija mía, Aderonke, aún no habías reconocido mi voz. Estabas tan absorta en lo que hacías que en escuchar mi voz. Entonces me di cuenta de que era el Señor quien me llamaba, y me arrodillé y le pedí perdón por no haberle prestado atención cuando me llamó. Esa noche, oré y me acosté. Alrededor de las 3 de la madrugada, el Señor Jesús apareció en su gloriosa apariencia, pero no pude ver su rostro. Mis ojos ya no podían contemplarlo porque había una luz brillante a mi alrededor. La luz casi me cegó cuando miré hacia ella. Entonces el Señor me dijo: «Hija mía, toma tu Biblia, tu cuaderno y tu bolígrafo, y sígueme». Tomé mi Biblia y lo seguí. El Señor Jesús me tomó de la mano y nos dirigimos hacia la nube y ascendimos. Al llegar a cierto lugar, nos detuvimos y nos sentamos juntos. "Dónde estamos, Señor?", pregunté. El Señor respondió: "Hijo mío, estás en el paraíso. Este será el lugar donde nos encontraremos para prepararte para la obra que te depara el futuro". El Señor volvió a hablar: "Te elegí desde el vientre materno para que fueras un instrumento en mi mano". Ahora, mi hijo Aderonke, toma tu pluma y papel y comienza a escribir todo lo que te diré. Hijo mío, dile a mi pueblo que yo, Jesucristo, vine al mundo a morir por sus pecados y al tercer día resucité. Muchos de mis hijos han sido víctimas del fuego del infierno por su desobediencia. No creé el fuego del infierno para mis hijos, sino para el diablo y su demonio. Que mi pueblo sepa que el infierno es real y que no deseo que ninguno de ellos perezca. Todos mis hijos necesitan vivir una vida santa y alejarse de pecados como la ira, la fornicación, el adulterio, la calumnia, la malicia, el asesinato, el robo, la idolatría, la falta de perdón y la borrachera. Cualquiera que sea encontrado cometiendo estos pecados deberá venir a mí en arrepentimiento porque soy un Dios misericordioso. Tendré misericordia de quien yo quiera. YO SOY el Alfa y la Omega, el Principio y el Fin, la Omnipresencia, el Omnipotente, el Proveedor, el Protector, el Refugio en la Tormenta, el Estandarte es Amor, el Anciano de Días y ese es mi nombre. Muchas iglesias hoy en día ya no predican sobre el fuego del infierno. No advirtieron a sus miembros ni a sus obreros de la iglesia sobre el infierno y están muy ocupados predicando sobre la libertad financiera, la santidad interior y exterior. Algunas de estas personas también consultaron a otros poderes externos, además del poder de Dios.

Después de que el Señor habló Su palabra, me encontré en otra parte del Cielo. Ya había hablado de ver la Puerta de las Doce Perlas y cruzamos una de ellas. Sentí la presencia de Dios en mi habitación. Vi el Cielo abierto y vi a los ángeles adorar a Dios día y noche. Dijeron: "Eres el Cordero de Dios que puede abrir el rollo que nadie puede abrir". Dios me mostró quién era y me tocó con Su mano. Dios no me permitió ver Su rostro, y le dije que quería ver Su gloria. Dios dijo: "Hija mía, nadie puede ver mi rostro y seguir con vida". Entonces recuerdo el libro del Éxodo cuando Moisés le dijo a Dios que quería ver Su rostro.

Y Él dijo, "te ruego que me muestres tu gloria". Y añadió: Haré pasar toda mi bondad delante de ti, y proclamaré el nombre del Señor delante de ti; seré clemente y tendré misericordia Y Él dijo: No podrás ver mi rostro, porque nadie me verá y vivirá. Y el Señor dijo: He aquí, hay un lugar junto a mí, y estarás sobre una roca. Y sucederá que, cuando pase mi gloria, te pondré en un peñasco de la roca, y te cubriré con mi mano

mientras pase. Retiraré mi mano, y verás mis espaldas, pero no se verá mi rostro.

(Éxodo 33:18-23).

Dios tocó mi mano y me dijo que fuera a proclamar la buena nueva a su pueblo. Fui llevado en un viaje al Cielo. Vi una Nueva Jerusalén descendiendo como un novio saliendo de su aposento. Todas las naciones gritaron Aleluya y alabaron al Dios Todopoderoso y a su Cordero en su Templo. En muchas ocasiones, vi a cada ángel en el Cielo con una gran labor. Algunos vinieron con un pergamino en la mano, derramando juicio sobre las vidas de quienes rechazaron el evangelio de Cristo. Aquellos que cometieron asesinato, robo, adulterio y engaño, pero nunca se arrepintieron, fueron juzgados según sus obras. Me sorprendió ver cuántas personas estaban siendo engañadas por el diablo. Muchas naciones serían juzgadas según sus obras, y la iglesia de Dios también. Las ovejas y las cabras serían separadas. Dios obró de manera misteriosa, creando individuos para sus propios propósitos, y nadie puede comprenderlo. Él hizo sus propias cosas para su propio bien. Él fue un Padre misericordioso y nos perdonó cuando regresamos a Él en arrepentimiento. Aun cuando sabía que no era digno de estar en Su presencia, Él me apartó para Su obra. Dios se me reveló y me mostró quién es. Mi experiencia con Dios comenzó cuando tenía 7 años y Él me ministró a través de visiones y sueños. Hice una gira con el Señor y experimenté lo que llamé revelación divina. A través de Él comencé a trabajar con señales y me preguntaba dónde me encontraba predicando la palabra de Dios. Había estado en gira con el Señor en muchas ocasiones. A los 24 años, tuve otra experiencia con Dios y me usó para Su propio propósito. Si yo pude encontrarme con Jesucristo, tú también puedes. Para tener un encuentro con Jesucristo, tienes que entregarle tu vida. Así es como podrás disfrutar estando con Él. Si has leído este libro y has decidido entregar tu vida a Cristo, por favor haz esta oración y confiesa lo siguiente:

PADRE CELESTIAL,

VENGO EN EL NOMBRE DE JESUCRISTO. CREO DE TODO CORAZÓN QUE JESUCRISTO ES EL HIJO DE DIOS. CREO DE TODO CORAZÓN QUE MURIÓ POR MIS PECADOS; CREO QUE LO RESUCITASTE DE ENTRE LOS MUERTOS PARA MI JUSTIFICACIÓN. LO RECIBO HOY COMO MI SEÑOR Y SALVADOR PERSONAL, Y LE DOY LA GLORIA A DIOS.

AMÉN

Cuando hagas esta oración, Dios comenzará a ministrarte. Si quieres que la presencia del Señor esté contigo, necesitas creer en Él. Ten fe en Dios y acéptalo como tu Señor y Salvador personal. Mañana podría ser demasiado tarde! Acepta a Jesús ahora. HE AQUÍ, YO ESTOY A LA PUERTA Y LLAMO. SI ALGUIEN OYE MI VOZ Y ABRE LA PUERTA, ENTRARÉ A ÉL Y CENARÉ CON ÉL, Y ÉL CONMIGO. SI HAS LEÍDO ESTE LIBRO Y ESTÁS SEGURO Y DISPUESTO A ENTREGAR TU VIDA A CRISTO, ÁBRELE LA PUERTA DE TU CORAZÓN. JESÚS ESTÁ LLAMANDO A LA PUERTA DE TU CORA-ZÓN; INVÍTALO A TOMAR EL CONTROL DE TU VIDA ANTES DE QUE SEA DEMASIADO TARDE. EL DIABLO NO TIENE NINGÚN DON QUE OFRECERTE. EL DIA-BLO DA ENFERMEDAD, POBREZA, ESTERILIDAD, FRA-

CASO Y DEGRADACIÓN, Y CUANDO DA UNA COSA, LA REEMPLAZA CON OTRA. VEN A JESÚS, EL AUTOR Y CONSUMIDOR DE NUESTRA FE, Y VERÁS UNA VIDA DIFERENTE. JESÚS TE DA SALVACIÓN, MISERICORDIA, ASCENSO, PROGRESO FINANCIERO, RIQUEZAS, HONOR, FAVOR, GOZO Y PAZ CUANDO CONFÍAS EN ÉL. JESÚS SE HIZO POBRE PARA QUE NOSOTROS PODAMOS HACERNOS RICOS. ÉL PAGÓ EL PECADO QUE TÚ Y YO COMETIMOS. ¿POR QUÉ NO ENTREGAR HOY TU VIDA A AQUEL QUE TE CREÓ Y PUEDE CAMBIAR TU SITUACIÓN? FUE A LA CRUZ DEL CALVARIO Y QUITÓ TU PECADO. VEN A JESÚS SI NECESITAS LIBERACIÓN, VEN A JESÚS SI NECESITAS SANIDAD, VEN A JESÚS SI NECESITAS SEÑALES Y PRODIGIOS, VEN A JESÚS SI NECESITAS PAZ, VEN A JESÚS SI NECESITAS UN AVANCE FINANCIERO, VEN A JESÚS SI NECESITAS MILAGROS, VEN A JESÚS SI NECESITAS FRUTO DEL VIENTRE. VEN A JESÚS SI NECESITAS TRABAJO, VEN A JESÚS SI NECESITAS ARREPENTIMIENTO, VEN A JESÚS SI NECESITAS SALVACIÓN Y VEN A JESÚS SI NECESITAS AMOR. NUESTRO DIOS ES UN DIOS AMOR; NUNCA RECHAZARÍA A NINGUNO DE SUS HIJOS. AUNQUE EL MUNDO TE ABANDONE, JESÚS NUNCA TE ABANDONARÁ. VEN; VEN, VEN A JESÚS ANTES DE QUE SEA DEMASIADO TARDE. ÉL ESTÁ LLAMANDO A LA PUERTA DE TU CORAZÓN. ABRE LA PUERTA DE TU CORAZÓN Y DEJA ENTRAR A JESÚS. ÉL TE ESPERA. EL NOVIO TE ESPERA. ¡NO DEMORES, ACEPTALO! MAÑANA PODRÍA SER DEMASIADO TARDE. ACEPTALO HOY.

PARTE 11

PASAR TIEMPO A SOLAS CON DIOS

INTRODUCCIÓN

En 1 Reyes 18:20-40, el profeta Elías es un ejemplo asombroso de lo que puede suceder cuando los creyentes oran con autoridad, cuando acuden con confianza a Dios pidiéndole que haga algo que lo glorifique. Con el pueblo de Israel y los profetas de Baal reunidos en el Monte Carmelo para un duelo entre el Señor y Baal, Elías oró con confianza.

> **Señor, Dios de Abraham, Isaac e Israel, que se sepa hoy que tú eres Dios en Israel y que yo soy tu siervo, y que he hecho todas estas cosas por orden tuya. Escúchame, oh Señor, escúchame, para que este pueblo sepa que tú eres el Señor Dios, y que has vuelto su corazón a ti.**
>
> **(1 Reyes 18:36, 37).**

Cuando Elías terminó su oración, el fuego del Señor cayó y consumió el sacrificio, así como la leña, las piedras, el polvo y toda el agua de la zanja. Al ver lo sucedido, el pueblo se postró sobre sus rostros y exclamó: El Señor es Dios! El Señor es Dios!. Elías no oró en secreto, en un rincón donde nadie pudiera verlo ni oírlo. Oró abierta y públicamente. No hubo nada engañoso ni turbio en lo que hizo; no hubo duda alguna de lo que dijo. Dios nos dice que nos presentemos con valentía a su presencia. Nos concede el privilegio de presentarnos ante él con autoridad debido a nuestra posición en Cristo Jesús. Debemos ser valientes en nuestra fe en que Dios hará lo que desea hacer y lo que dice que hará.

El Nuevo Testamento nos dice: "Porque no tenemos un Sumo Sacerdote que no pueda compadecerse de nuestras debilidades, sino uno que fue tentado en todo como nosotros, pero sin pecado. Acerquémonos, pues, confiadamente al trono de la gracia, para alcanzar misericordia y hallar gracia para el oportuno Socorro" (Hebreos 4:15, 16), y "acerquémonos con corazón sincero, en plena certidumbre de fe" (Hebreos 10:19). Tenemos la invitación de Dios; la aceptaremos?

CONTENIDO

15

EL BENEFICIO DE LA ORACIÓN Y EL AYUNO

Cuando Dios nos llama a la oración y al ayuno, siempre lo hace para nuestro beneficio. Las Escrituras señalan al menos siete beneficios de la oración y el ayuno.

1. Nuestras actitudes, sentimientos y pensamientos son zarandeados, podados y purificados para que Dios pueda confiarnos un ministerio mayor. Al ayunar y orar, nos volvemos más disciplinados hacia las cosas del Padre. Le damos la oportunidad de alejar de nosotros aquello que nos frena o nos aleja de sus planes y propósitos.

2. Podemos discernir con mayor claridad la voluntad de Dios para nuestras vidas. El ayuno despeja nuestros ojos y oídos espirituales para que podamos discernir con precisión lo que Dios desea revelarnos.

3. Nos enfrentamos a nuestros pecados y faltas para confesarlos a Dios, recibir perdón y vivir en mayor rectitud. Muchas veces, rompemos hábitos pecaminosos persistentes cuando ayunamos y oramos. El ayuno y la

oración nos limpian y nos purifican de los errores que nos han mantenido atrapados en el pecado y la insensatez.

4. Experimentamos una liberación de poder sobrenatural. El ayuno y la oración genuinos resultan en crecimiento espiritual, incluyendo una renovada efusión de poder sobrenatural. Ciertos problemas y situaciones no pueden resolverse sin el ayuno y la oración.

5. Podemos influir en los asuntos y preocupaciones nacionales mediante nuestras oraciones. Al ayunar y orar por nuestras naciones, Dios obrará. Derramará su Espíritu, a su manera y en su tiempo. Podemos contar con ello.

6. Podemos ayudar a edificar al pueblo de Dios. La oración es el motor de la iglesia. Da poder a los ministros. Impulsa la evangelización de los perdidos. Crea un clima propicio para el éxito de los esfuerzos evangelísticos.

7. Nuestras mentes se agudizan. Cuando ayunamos y oramos, comenzamos a comprender las Escrituras como nunca antes. Nos volvemos sensibles al tiempo y la dirección de Dios, con una mayor conciencia y capacidad de discernimiento. Nos volvemos profundamente conscientes de lo que Dios desea hacer y lograr, no solo en nuestras vidas, sino también en las de quienes nos rodean.

16

LAS MÚLTIPLES CARAS DE LA ORACIÓN COLOSENSES 1:9-12

CHARLES FINNEY, UN EVANGELISTA ESTADOUNIDENSE DEL siglo XIX, a veces luchaba con qué decir en oración. Un día, una conocida suya se sintió gravemente enferma. No conocía a Cristo, pero su esposo le pidió a Finney que orara por ella. Finney inmediatamente sintió una carga por la mujer, pero no sabía cómo orar. Finalmente, tras buscar las palabras adecuadas, Finney experimentó una gran revelación. Dijo que pudo confiar su carga a Dios y que de inmediato tuvo la certeza de que la mujer no moriría. Poco después, la mujer se recuperó por completo y entregó su vida a Cristo. Sin embargo, la oración es mucho más que una súplica apasionada para que Dios intervenga. Pablo solía salpicar sus cartas con oraciones inspiradoras. Encontramos una de ellas en Colosenses 1:9-12. En siete peticiones, Pablo abarca cada área de nuestra vida que necesita el toque diario de Dios:

* *Que seamos llenos del conocimiento de su voluntad en toda sabiduría e inteligencia espiritual (v. 9).* Pídele a Dios que te llene del entendimiento espiritual que necesitas mientras caminas en su voluntad y estudias su Palabra.

* **Que vivamos como es digno del Señor Jesucristo (v. 10).** Jesús vivió una vida intachable, justo lo que debemos buscar.

* **Que agrademos a Dios en todo (v. 10).** Pablo anima a los creyentes a vivir una vida que agrade a Dios y a sobresalir en su vida cristiana.

* **Que demos fruto en toda buena obra (v.10).** Demostramos que somos discípulos de Jesús cuando damos fruto.

* **Que crezcamos cada vez más en el conocimiento de Dios (v. 10).** Debemos pedir más y más conocimiento de sus inmensos recursos.

* **Que seamos fortalecidos con todo poder, conforme a su glorioso poder (v. 11).** Pídele a Dios que te fortalezca para hacer su voluntad para su gloria, y él la hará.

* **Que nuestras vidas expresen gozosa gratitud al Padre por su gracia (v. 12).** Nuestro amor por Él debe ser tan profundo que no podamos evitar darle gloria y honor.

Entonces qué es la oración? La oración es un medio de comunicación con Dios (Salmo 54:2): "Escucha, oh Dios, mi oración; presta oído a las palabras de mi boca". Cuando sentías que las palabras podían expresar lo que había en tu corazón, cuál es la provisión de Dios para ti en ese momento? Jesús hace de la oración una alta prioridad durante su ministerio terrenal (Lc. 6:12). La parábola del publicano y el fariseo revela que las oraciones de los humildes son escuchadas por Dios y que la justicia viene a través de la humildad.

Un fariseo se para probablemente en el centro del templo, donde puede ser visto claramente, y procede a orar "por sí mismo" (Lc. 18:11). Se compara rápidamente con los demás, enalteciéndose y enumerando todas sus buenas obras. El publicano, por otro lado, se mantiene a distancia, lejos del centro de atención. Se compara con la santidad de Dios y, al ver su Indignidad, clama a Dios por misericordia. Quién sale del templo justificado? El recaudador de impuestos. "Porque todo el que se enaltece será humillado, y el que se humilla será enaltecido" (Lc. 18:14). La humildad es la clave de la justicia y de las oraciones contestadas.

Cuando oras, te acercas a Dios mismo. Ese conocimiento por sí solo debería hacerte humilde. El maravilloso resultado de la humildad es que se libera la gracia de Dios (Pr 3:34). La gracia de Dios, ofrecida a través de Jesucristo, te da la confianza que necesitas para acercarte al santo trono de Dios (Heb 4:16). Dios desea escucharte y responderte. Acude a Él en oración ahora mismo. Deshazte de todo lo que obstruye la humildad. Disfruta de la presencia de Dios y cree que Él te escucha y te responderá cuando clames a Él (2 Cr 7:14; Sal 6:9).

17

CÓMO ORAR CON AUTORIDAD
1 REYES 18:20-40

EL PROFETA ELÍAS ES UN EJEMPLO asombroso de lo que puede suceder cuando los creyentes oran con autoridad, cuando acuden con confianza a Dios pidiéndole que haga algo que lo glorifique. Con el pueblo de Israel y los profetas de Baal reunidos en el Monte Carmelo para un duelo entre el Señor y Baal, Elías oró con confianza:

> **Señor, Dios de Abraham, Isaac e Israel, que se sepa hoy que tú eres Dios en Israel y que yo soy tu siervo, y que he hecho todas estas cosas por orden tuya. Escúchame, oh Señor, escúchame, para que este pueblo sepa que has vuelto su corazón a ti.**
> **(1 Reyes 18:36-37).**

Cuando Elías terminó su oración, el fuego del Señor cayó y consumió el sacrificio, así como la leña, las piedras, el polvo y toda el agua de la zanja. Al ver lo sucedido, el pueblo se postró sobre sus rostros y exclamó: «¡El Señor es Dios! ¡El Señor es Dios!». Elías no oró en secreto, en un rincón donde nadie pudiera verlo ni oírlo. Oró abierta y públicamente. No hubo nada engañoso ni turbio en lo que hizo; no hubo duda sobre lo que dijo. Dios nos dice que nos presentemos con valentía en su presencia. Nos concede el privilegio de presentarnos ante él con autoridad debido a nuestra posición en Cristo Jesús. Debemos ser valientes en nuestra fe para que Dios haga lo que desea hacer y lo que dice que hará.

El Nuevo Testamento nos dice: "Porque no tenemos un Sumo Sacerdote que no pueda compadecerse de nuestras debilidades, sino uno que fue tentado en todo como nosotros, pero sin pecado. Acerquémonos, pues, confiadamente al trono de la gracia, para alcanzar misericordia y hallar gracia para el oportuno Socorro" (Hebreos 4:15-16), y "acerquémonos con corazón sincero, en plena certidumbre de fe" (Hebreos 10:19). Tenemos la invitación de Dios; la aceptaremos?

18

DE RODILLAS NOS MANTENEMOS MÁS ALTOS Y FUERTES DAN 6:10-11

UN PASTOR MAYOR ADQUIRIÓ LA COSTUMBRE de desafiar a su congregación citando Jeremías 33:3: "Clama a mí, y yo te responderé, y te enseñaré cosas grandes y ocultas que tú no conoces". Mirando fijamente a los reunidos ante él, decía: "¡Pruébalo! ¡Funciona!". Este es un pensamiento muy simple, pero encierra una tremenda verdad. Dios quiere que lo invoquemos. Muchas veces, permite que la decepción invada nuestras vidas para acercarnos más a sí mismo. La oración es la herramienta más poderosa que tiene un creyente; nada se compara con ella. En la oración, profesamos nuestra necesidad de Cristo y su solución a nuestros problemas. En la oración, aprendemos a adorarlo y a crecer espiritualmente en su amorosa presencia. No te preocupes por qué decir; el Espíritu Santo te lo mostrará. Las lágrimas son tan efectivas como las palabras, y Dios es sensible a cada lágrima que derramas. Así como Él entiende el dolor que sientes, también sabe cómo lidiar con cualquier enojo que haya penetrado en tu vida y guiarte.

Dios es más grande que cualquier problema que enfrentes. Él conoce el camino que tienes delante y solo Él puede guiarte a través de la dificultad. Cuando la prueba te golpee, siempre responde primero acudiendo a Él en oración. Al orar, la esperanza invade tu vida y te llena con la seguridad de Su presencia que te sostiene. Varias cosas son esenciales para establecer una vida de oración poderosa. Una es elegir un tiempo definido para dedicarlo a la oración. Establecer un tiempo, ya sea temprano en la mañana o tarde en la noche, no es el problema. La constancia es la clave. Pídele a Dios que te muestre el momento perfecto para estar a solas con Él, aunque sea por quince minutos. ¡Dios honra las oraciones de su pueblo! Si acudes a Él, Él proveerá todo lo que necesitas para tu vida de oración. Si es posible, selecciona un lugar donde puedas estar a solas con Él. Quizás debas considerar las obligaciones con los niños pequeños. En cuanto a la oración, descubrirás que Dios es muy creativo; Él te proveerá el lugar perfecto para buscarlo. Comprometerse a orar es un paso esencial. Esto le demuestra a Dios que tu corazón está abierto al suyo y que deseas aprender más sobre él y la vida que él ha planeado para ti.

Al pasar tiempo con Él, Dios nos enseña con amor a orar y a escuchar su voz apacible y delicada al responder a nuestras humildes peticiones. La oración es la puerta a la bendición y a la libertad de la esclavitud. Al orar, Dios nos enseña más sobre sí mismo y sobre la guerra espiritual necesaria para combatir al enemigo. Cada día, Dios nos llama a ponernos la armadura de Dios y a mantenernos firmes en nuestra fe (Efesios 6:10-17). La única manera de hacerlo es mediante la oración y la confianza plena en Jesucristo, quien es el Señor absoluto. Un pastor mayor le dice a su congregación que la distancia entre el éxito y el fracaso, y la victoria y la derrota, es de unos quince a treinta centímetros, o sea cual sea la distancia, lo importante es arrodillarse y orar a su maravilloso Señor y Salvador. ¡Nunca te sentirás más alto ni más fuerte que estando de rodillas! A lo largo de tu vida, enfrentarás muchas situaciones difíciles. Algunas serán muy emocionantes y desafiantes. Sea lo que sea que la vida te depare, puedes estar seguro de que Dios se preocupa por ti. Le encanta verte emocionado por sus bendiciones y llora contigo cuando ocurre una tragedia. Un hombre de Dios dice: "A lo largo de los años, he disfrutado llevando un diario que contiene muchas oraciones y la guía de Dios para cada petición". Puedes hacer lo mismo escribiendo tu necesidad y cómo Dios responde a tus oraciones. Ora para que Él te dé versículos específicos que se apliquen a tu situación. Busca sus promesas en su Palabra. Reclámalas, escríbelas y confía en Él. Nunca te decepcionarás!

Mi reto es simple: Sea lo que sea que estés enfrentando, confía en Dios. Pídele que te libre de la ansiedad, el miedo y la frustración. Cuando confías en el Señor, descansas en su cuidado. Probablemente podrías nombrar al menos un lugar donde te sientas seguro y aceptado. Pero no hay lugar donde te sientas más aceptado y seguro que en la presencia de Dios. Todo esto y mucho más te espera al acercarte a Él.

19

CUÁL ES NUESTRA AUTORIDAD EN LA ORACIÓN? 2 CRÓNICAS 20:3

Un día, el rey Jehosafat y el pueblo de Judá vieron que una gran multitud se había alzado contra ellos. Tres grupos de agresores: los moabitas, los amonitas y los habitantes del monte Seer, lanzaron un gran asalto contra Jerusalén. Josafat sintió un profundo temor, pero en lugar de acobardarse, se dispuso a buscar al Señor (2 Crónicas 20:3). Proclamó un ayuno en todo Judá y convocó al pueblo para que se uniera a él en la búsqueda del Señor. Se presentó ante el pueblo en la casa del Señor y oró: "Oh Señor, Dios de nuestros padres, no eres tú Dios en los cielos, y no gobiernas sobre todos los reinos de las naciones, y no hay en tu mano fuerza y poder, de modo que nadie puede resistirte?" (20:6). Josafat no expresó dudas sobre el poder de Dios, sino que proclamó públicamente su confianza en el Dios Todopoderoso. Declaró que depositaba toda su esperanza en el Señor de poder ilimitado. Además, Josafat declaró muy claramente que él, incluso como rey de Judá, se encontraba en total humildad y debilidad ante el Señor. No se atribuyó ninguna autoridad. Le dijo a Dios:

✿   Tú eres el que nos dio esta tierra.

✿   Tú eres quien ha permitido que tu pueblo habite en ella y construya en ella un santuario.

✿   Tú eres quien dijo que debíamos clamar a Ti en nuestra aflicción y que Tú nos escucharías y nos salvarías.

✿   Tú eres quien nos dijo que perdonáramos a este pueblo enemigo cuando llegamos por primera vez a ocupar esta tierra.

✿   Tú eres el único capaz de juzgar a estos enemigos que se levantan contra nosotros; no tenemos poder ni plan.

Concluyó su oración admitiendo: "Nuestros ojos están puestos en ti". En efecto, Josafat estaba diciendo: «Si no ejerces tu autoridad en este asunto, estamos condenados. Ponemos toda nuestra confianza en ti y solo en ti». No vemos rastro de egoísmo en Josafat. No exigió a Dios que hiciera algo que Dios no deseaba hacer. Josafat no reivindicó su autoridad ni su poder. Pero, sabiamente, reconoció que todo el poder y la autoridad residen solo en Dios, y con esa comprensión, le suplicó al Dios del Cielo.

PÍDELE A DIOS COSAS ESPECÍFICAS

Muchos pasajes bíblicos instan a los creyentes a pedirle a Dios cosas muy específicas. Lee los siguientes versículos familiares para recordar la importancia de pedirle a Dios lo que necesitas. Dios espera que pidas!

❀   En Gabaón, el Señor se le apareció a Salomón en sueños una noche, y le dijo: "Pide lo que quieras que te dé" (1 Reyes 3:5).

❀   Jesús dijo: "Todo lo que pidan en oración, creyendo, lo recibirán" (Mateo 21:22).

❀   Jesús dijo: "Hasta ahora no habéis pedido nada en mi nombre. Pedid, y recibiréis, para que vuestro gozo sea cumplido" (Mateo 16:24).

❀   Si alguno de ustedes tiene falta de sabiduría, pídala a Dios, quien da a todos abundantemente y sin reproche, y le será dada. Pero pida con fe, sin dudar, porque quien duda es como una ola del mar, agitada y echada de un lado a otro por el viento. (Santiago 1:5, 6)

Si resumiéramos estos versículos, encontraríamos algunos principios muy claros y concisos relacionados con nuestra petición:

❀   Dios quiere que le pidamos que satisfaga todas nuestras necesidades.

❀   Dios se deleita en revelarnos sus deseos y sus maneras de hacer las cosas.

❀   Podemos pedirle a Dios todas las cosas, incluidas aquellas relacionadas con el mundo natural.

❀   Es sabio pedir de acuerdo con los demás.

❀   Debemos pedir siempre con fe y en el nombre de Jesús.

❀   Dios responderá a nuestra necesidad no de una manera que se oponga a sus mandamientos, sino de una manera que le agrade y le traiga gloria.

❀   Podemos estar seguros de que siempre que le pedimos algo a Dios, Él nos escucha y nos responde, dándonos precisamente lo que creemos necesitar, pero que siempre nos beneficia más.

La Biblia nos dice: "No tenéis lo que deseáis, porque no pedis" (Santiago 4:2). ¿Qué cosas en tu vida no le has pedido a Dios?

20

POR QUÉ DIOS NO RESPONDE MI ORACIÓN ANTES? GÉNESIS 45:25 - 46:4

Sɪ Dɪᴏꜱ ᴇꜱᴄᴜᴄʜᴀ ɴᴜᴇꜱᴛʀᴀꜱ ᴘᴇᴛɪᴄɪᴏɴᴇꜱ ʏ nos ama tanto que envió a su propio Hijo Jesucristo a morir por nosotros, ¿por qué parece tardar tanto en responder a algunas de nuestras peticiones más urgentes? Considere cuidadosamente las siguientes diez razones por las que puede haber demora en nuestra oración:

Nuestra desobediencia, nuestro pecado, puede incitar a Dios a retirar su mano misericordiosa (Salmo 81:10-12). Cuando desobedecemos sus mandatos y nos negamos a arrepentirnos, a veces Él se tapa los oídos para no escuchar nuestras peticiones.

Nuestra duda: Sin fe, nadie que pida algo a Dios recibirá lo que pide (Santiago 1:5-8). Pero con fe todo es posible (Marcos 9:23).

Nuestros intentos de manipulación: si intentamos controlar o manipular a Dios, no debemos esperar respuestas a nuestras oraciones (1 Sam. 13:9-14). Él es el Amo; nosotros somos sus siervos.

Motivación incorrecta: Ni las peticiones egoístas ni las que tienen malas intenciones recibirán respuesta (Santiago 4:3). Dios se niega a colaborar con nuestras lujurias o con nuestros planes.

Nuestra falta de responsabilidad: No se puede esperar que Dios compense a una persona perezosa o negligente (Proverbios 19:15). El Señor tiene su obra que hacer; nosotros, la nuestra.

Una "necesidad" ilegítima: ¿es esto que deseas realmente una necesidad o es algo que has llegado a esperar ilegítimamente? A menudo, tenemos los ojos más grandes que el estómago (Jeremías 45:1-5).

Rechazar el método de Dios: No rechaces un medio de abastecimiento simplemente porque no se ajusta a tus expectativas o criterios (Josué 6). Un hombre llamado Naamán casi cometió este error, lo que le habría costado la salud (2 Reyes 5:8-14). La redirección de Dios: A veces, Dios nos redirige o nos prepara para algo nuevo (Génesis 37, 39-50). A Dios le encanta hacer cosas nuevas y emocionantes con su pueblo (Isaías 43:19). El deseo de Dios de enseñarnos: Dios puede querer que nos enfoquemos en nuestras necesidades espirituales y eternas para que aprendamos a confiar en Él en todo y para todo (Isaías 48:18). El deseo de Dios de llevarnos al arrepentimiento: Dios puede querer que reconozcamos nuestro pecado, lo confesemos y nos arrepintamos de él (Lucas 15:11-31). E incluso cuando Dios demora sus respuestas, nos instruye a seguir orando (Lucas 18:1-8). La oración es el mayor ahorro de tiempo en la vida, incluso cuando no lo parezca.

LA ORACIÓN ES EL MAYOR AHORRO DE TIEMPO EN LA VIDA 2 TESALONICENSES 3:1

Cuando el pastor Stanley y su familia se mudaron a Atlanta, Georgia, parecía que no encontraban la casa ideal. Les tomó más de un mes encontrar una casa que les hiciera sentir bien. Mientras tanto, habían estado viviendo con amigos. Como pueden imaginar, estaban listos para tener un lugar propio. Oraron y solicitaron un préstamo. Le pedían a Dios todos los días que les aprobara el préstamo. Realmente creían que lo haría; le dieron las gracias de antemano. Una semana después, el banquero rechazó su solicitud de préstamo. ¡Qué sorpresa! Él simplemente no podía imaginar por qué. Y ellos no podían entender qué tramaba Dios. "¿Por qué Dios no respondió a su oración?", preguntaron. Dios respondió a su pregunta al día siguiente enviando una tremenda tormenta. El sótano de la casa que casi compraron se inundó con 30 centímetros de agua. Planeaban usarlo como estudio y almacén. Pero Dios los cuidaba. Una semana después, encontraron la casa ideal y disfrutaron viviendo allí durante ocho años.

La oración no solo les evitó muchos problemas, sino también mucho tiempo. La respuesta de Dios les pareció una demora, pero en realidad les evitó perder incontables horas intentando arreglar una casa defectuosa. La oración es realmente el mayor ahorro de tiempo de la vida. Jesús habló de esta relación entre una aparente demora en la respuesta de Dios a nuestras oraciones y cómo en realidad nos ahorra tiempo. En Lucas 18, contó una parábola para enseñarnos que "los hombres siempre deben orar y no desmayar" (v. 1). Este no parece un pasaje que explique cómo la oración ahorra tiempo, verdad? Sin embargo, al final de su relato, Jesús explicó su punto así: "Y acaso Dios no hará justicia a sus escogidos, que claman a él día y noche, aunque sea paciente con ellos? Les digo que pronto les hará justicia" (Lucas 18:7-8). Lo captaste? Dios puede ser paciente con nosotros en nuestras oraciones, y sin embargo, se compromete a actuar en nuestro favor con prontitud. Eso significa que la oración realmente es el mayor ahorro de tiempo en la vida, porque Dios responderá nuestras oraciones tan pronto como sea mejor para nosotros, ni un momento antes ni un segundo después. Lo que para nosotros puede parecer una demora, en realidad es Dios ahorrándonos enormes cantidades de tiempo perdido. Dios espera que crezcamos espiritualmente en algunas áreas antes de darnos todas las bendiciones espirituales y materiales que tiene reservadas (Efesios 1:3). Dios responderá nuestras oraciones tan pronto como sea mejor, ni un momento antes ni un segundo después. Por eso la oración realmente es el mayor ahorro de tiempo en la vida.

21

CÓMO PUEDO HACER QUE MI VIDA DE ORACIÓN SEA FRESCA Y NUEVA? JEREMÍAS 33:1-3

EL PROFETA JEREMÍAS NO ERA UN hombre popular. Cuando declaró la verdad, Dios le había dado a Judá que pronto comenzaría setenta largos años de cautiverio, y su pueblo lo encarceló. Sin embargo, en tan terrible circunstancia, Jeremías aprendió algo profundo sobre la oración. Jeremías 33:1-3 dice: "La palabra del Señor vino a Jeremías por segunda vez, mientras aún estaba preso en el patio de la cárcel, diciendo: 'Así dice el Señor que la hizo, el Señor que la formó para establecerla (el Señor es su nombre): Clama a mí, y yo te responderé, y te enseñaré cosas grandes y ocultas que tú no conoces'". La oración es una parte muy real de una relación vital con Dios. No es para una élite espiritual especial; es para ti. Tres principios en estos versículos pueden transformar tus viejas nociones sobre la oración en algo fresco y nuevo. Primero, Dios dice: "Clama a mí". Él quiere saber de ti. Su corazón amoroso y omnipotente desea escuchar tus pensamientos y sentimientos más íntimos. Quiere saber de ti en los momentos difíciles y cuando la vida transcurre con tranquilidad. De hecho, tus momentos más dulces de oración ocurren cuando te acercas a Él simplemente para alabar, adorar y dar gracias por lo que ha hecho. En segundo lugar, Dios dice, "Te responderé".

BUSCANDO LA GUÍA DE DIOS

Salmo 27:14: "Espera en el Señor; ten ánimo, y él fortalecerá tu corazón; espera, te digo, en el Señor!" La vida está llena de decisiones, y si queremos tomar las correctas, necesitamos la guía de Dios para elegir aquellas que glorifiquen a Dios, nos beneficien a nosotros y a los demás. Todos llegaremos a momentos en los que necesitaremos desesperadamente la guía de Dios. Cómo pueden los creyentes encontrar esa guía? Siete palabras pueden ayudar.

1. Purificación: Necesitamos preguntarnos: "Hay algo en mi vida que me impide escuchar lo que dices? Si es así, qué es?". La purificación viene por la confesión (1 Juan 1:9). "Si confesamos nuestros pecados, él es fiel y justo para perdonarlos y limpiarnos de toda maldad".

2. Rendirse: Someterse a la voluntad de Dios es una experiencia que nos humilla y nos eleva (1 Pedro 5:6) "Por tanto, humíllense bajo la poderosa mano de Dios, para que él los exalte a su debido tiempo.

3. Pedir: Dios promete que cuando pedimos conforme a su voluntad, nos escucha. Y cuando sabemos que nos escucha, sabemos que nos ha respondido, aunque la respuesta tarde mucho tiempo en llegar. (1 Juan 5:14-15)

4. Meditando: Dios promete que Su Palabra será una luz para nuestros caminos (Salmos 119-105), así que cuanto más pensemos en Su Palabra, más claro será nuestro camino.

5. Creer: En el Evangelio de Marcos, aprendemos que cuando pedimos, debemos creer que Él nos dará lo que hemos pedido (Marcos 11:22-24).

6. Espera: Dios promete que actúa en nuestro favor cuando esperamos en Él (Is. 64:4). Si queremos, podemos adelantarnos a Él, intervenir precipitadamente e intentar arreglar las cosas por nuestra cuenta o manipular las circunstancias. Por el contrario, si esperamos en el Señor, nuestro Dios soberano, divino y omnipotente actuará en nuestro favor. Es nuestra decisión.

7. Recibir: Cuando buscamos obedientemente la voluntad de Dios, podemos estar seguros de que Él nos escuchará y nos dará la sabiduría que necesitamos para tomar las decisiones correctas en la vida (Mateo 7:7-8; Santiago 1:5).

Encontrarás gran paz y confianza al saber que estás tomando decisiones basadas en la guía de Dios. Quizás nadie más entienda o esté de acuerdo con tu decisión, pero habrás escuchado de Aquel que más importa.

22

PRINCIPIOS PARA UNA INTERCESIÓN EFICAZ

Santiago 5:15-16 "Y la oración de fe salvará al enfermo, y el Señor lo levantará. Y si ha cometido pecados, le serán perdonados. Confesaos vuestras ofensas unos a otros, y orad unos por otros, para que seáis sanados. La oración eficaz del justo puede mucho". No podemos obedecer muchos de los mandamientos de Dios sin tener una comunión regular y estrecha con otros creyentes. Él ha diseñado este mundo para que muchas de nuestras necesidades se satisfagan solo mediante la interdependencia mutua. Cada uno de nosotros ha orado por otros sin ver resultados. Cuando eso sucede, es fácil desanimarse. En lugar de rendirnos, debemos revisar nuestras vidas para ver si necesitamos cambiar algo. Nuestras oraciones deben fluir de un corazón lleno de amor, compasión y perdón. Nuestra oración fracasa si nuestro corazón está lleno de amargura, resentimiento o ira. Oren primero para que puedan tener el amor y la compasión de Dios por los demás, y luego para que puedan perdonarlos completamente. Debemos reconocer que nuestras oraciones son el vínculo entre la necesidad del otro y los recursos inagotables de Dios. Debes pedirle al Señor que te revele las verdaderas necesidades de una persona, no solo las superficiales o sintomáticas. Pídele también que te revele la grandeza de su amor y poder, y que te ayude a desear satisfacer esas necesidades. Debemos identificarnos con la necesidad de la otra persona. La compasión siente la profundidad de la necesidad del otro. Cuando vemos a las personas verdaderamente dolidas, sangrando y agonizando por dentro; cuando las vemos con los ojos de Jesús, nuestra compasión se libera y oramos con un nuevo grado de comprensión y profundidad de emoción.

Debemos desear el mayor bien en la vida de otra persona. Puede que Dios no nos revele su mayor bien para otra persona, pero aun así podemos hacerlo nuestra oración. No necesitamos saber exactamente qué quiere Dios que suceda. En definitiva, el mayor bien de Dios es la plenitud. La plenitud incluye vitalidad y vitalidad en todos los ámbitos: espíritu, mente, cuerpo, emociones, relaciones y finanzas. Debemos estar dispuestos a ser parte de la solución para satisfacer la necesidad de la persona. Si oras por otra persona, pero no estás dispuesto a que Dios te use para satisfacer su necesidad, Dios no escuchará tu oración. Jesús tocó a los leprosos, a los impuros, a los enfermos desesperados, a los muertos. Nunca se apartó de los necesitados ni los pasó a nadie más. Debemos seguir su ejemplo. Debemos estar dispuestos a perseverar. Debemos seguir orando, sin importar si vemos resultados inmediatos. Cuanto más oremos por una persona, más unidos estarán nuestros corazones con ella. La oración nos une con un pegamento espiritual mucho más fuerte que cualquier cosa que el hombre pueda crear. Ese vínculo perdura por la eternidad.

CÓMO PUEDO APRENDER A
ORAR EFICAZMENTE?

Daniel demuestra cómo orar con poder y confianza. Cuando descubrió en el libro de Jeremías que el cautiverio babilónico duraría setenta años (Daniel 9:2), se arrodilló y comenzó a interceder por su pueblo (Daniel 9:4-19). En Daniel 9, vemos un gran ejemplo de lo que debe ser la oración. Se centra en Dios todopoderoso y su carácter. Incluye confesión sincera, altruismo y dependencia de la Palabra de Dios. Esta oración tiene gran poder. En el caso de Daniel, Dios envió al ángel Gabriel con su respuesta incluso antes de que el profeta terminara su súplica. Para encontrar a Dios durante tus propias dificultades, ve al portal que Daniel conocía mejor. Ponte de rodillas. Modela tu oración según la de Daniel y modela tu vida según Daniel 11:32: "El pueblo que conoce a su Dios se fortalecerá y realizará grandes hazañas".

La Biblia nos dice: "La oración eficaz del justo puede mucho" (Santiago 5:16). Queremos que nuestras oraciones sean exactamente eficaces, especialmente en tiempos de crisis. Cuando cumplimos con el requisito de Dios, podemos confiar en que Él actuará en nuestra situación como resultado de nuestras oraciones sinceras. ¿Cuáles son esos requisitos de las oraciones fervientes? Las oraciones fervientes están llenas de pasión y un fuerte sentido de impotencia personal. También se centran en alguna dificultad específica. La Escritura llama a este tipo de oración "trabajando fervientemente" (Col. 4:12). Justicia: En la salvación, nos relacionamos correctamente con Dios como sus hijos. Él nos sella permanentemente con el Espíritu Santo y nos declara justos para siempre por nuestra posición en Jesucristo.

Pero la Biblia también usa la palabra "justo" para describir la conducta de un creyente. Esto significa que para ser llamados "jus-

tos", debemos estar en Cristo (Fil. 3:9) y tener el hábito de obedecer a Dios (Ef. 4:1; Col. 1:10). Si pecamos voluntaria y conscien-
temente, no vivimos con rectitud y nuestras oraciones carecerán de
poder. Cuando el Señor escucha la oración apasionada de una persona justa cuya vida refleja el camino de Dios, la Escritura promete
que el Espíritu Santo comenzará su obra divina. Dios responde con
gran poder a las oraciones de incluso una sola persona justa. Amigo,
esa persona puedes ser tú!

Cómo afrontar eficazmente la carga de oración

Cuando Nehemías oyó que su pueblo vivía en gran oprobio, que
los muros de Jerusalén estaban en ruinas y las puertas de la ciudad
quemadas y rotas, respondió con oración: "Me senté y lloré, e hice
duelo por muchos días, y dije: 'Te ruego, Señor Dios del cielo, Dios
grande y temible, que guardas tu pacto y tu misericordia con los
que te aman y observan tus mandamientos, que tu oído esté atento
y tus ojos abiertos, para que escuches la oración de tu siervo que
hago delante de ti ahora, día y noche'" (Nehemías 1:4-6). Nehemías
sentía una carga de oración. Una carga de oración puede definirse
como una fuerte motivación para orar por los demás y llevar sus
necesidades ante Dios en oración hasta que Él responda. La Biblia
dice mucho sobre las cargas. Debemos llevar las cargas de los demás
(Gálatas 6:2). Debemos ir más allá al ayudar a otra persona (Mateo
5:41). Gran parte de nuestra capacidad para sobrellevar las cargas
naturales se deriva de desarrollar nuestra capacidad para llevar las
cargas espirituales en la oración.

Una sensación de peso espiritual suele acompañar la carga de oración: una pesadez en el corazón, un lastre emocional, un espíritu de duelo o una sensación de inquietud que no podemos apartar de un problema o necesidad que nos ha llamado la atención. Dios no actúa en muchas situaciones porque no oramos. Dios espera que el co-instigador de la situación negativa clame a Él pidiendo perdón, o que la víctima de la situación negativa clame a Él pidiendo misericordia. Entonces Él actuará. Si sientes la carga de orar por otra persona, Dios desea actuar en su nombre. Él pone la carga de orar en tu corazón y actúa a través de esa oportunidad. Al orar, puedes recibir la bendición que Dios tiene para esa persona a través de una oración contestada.

23

PELEA TODAS TUS BATALLAS DE RODILLAS Y GANARÁS SIEMPRE

2 Samuel 15:31 "Ahitofel está entre los conspiradores con Absalón". El término movimiento de resistencia describe situaciones en las que los oprimidos se rebelan contra sus opresores. Los combatientes de la resistencia adoptan esta postura: "No me quedaré de brazos cruzados y permitiré que este mal continúe. Elijo resistir los agravios. Ya sea que viva o muera resistiendo a mi opresor, ya no viviré como antes". Tal es el caso de Ahitofel en 2 Samuel 11:3. Compárese con 2 Samuel 23:24. Aprendemos que Ahitofel era el abuelo de Betsabé. Al parecer, guardaba rencor contra David desde el asesinato del esposo de su nieta. La resistencia en oración es el enfoque bíblico para confrontar y vencer al diablo. Pedro escribió: "Resistidle firmes en la fe" (1 Pedro 5:9). Santiago repitió esta enseñanza: "Sométanse a Dios. Resistan al diablo, y huirá de ustedes. Acérquense a Dios, y él se acercará a ustedes" (Santiago 4:7-8). Tanto Pedro como Santiago dejan claro que debemos resistir activamente el mal mediante la oración perseverante. A primera vista, la resistencia puede parecer

pasiva, pero en la práctica, es cualquier cosa pasiva. Es una postura activa, intencional y poderosa. Qué harías si un peso comenzara a presionarte, intentando empujarte de una posición que te corresponde? Cómo te resistirías? Te apoyarías en el peso y presionarías hacia atrás. La presión que ejercerías igualaría o superaría la presión ejercida contra ti. Esa es una postura de resistencia.

La resistencia es, ante todo, una decisión firme de unirse a la lucha contra el mal en oración, en lugar de dar la espalda, retroceder o retirarse. Dicha resistencia requiere fuerza y valentía. También requiere paciencia y perseverancia. Por eso, Lucas incluye una parábola diseñada para enseñarnos que "es necesario orar siempre, y no desmayar" (Lucas 8:1). Pedro y Santiago señalan dos palabras clave en el corazón de nuestra capacidad para resistir al diablo mediante la oración: Sumisión a Dios y fe. Sumisión a Dios es decir: "Yo no puedo, pero Tú sí". Podríamos decir: "Señor, no puedo vencer al diablo solo" en nuestros campos de batalla de oración, pero contigo, sí puedo. Esta es la postura que adoptó el apóstol Pablo cuando dijo: "Todo lo puedo en Cristo que me fortalece" (Filipenses 4:13). Santiago enseñó que la sumisión ocurre cuando buscamos desarrollar una relación más estrecha con Dios. A medida que pasamos tiempo con Dios, lo conocemos mejor y descubrimos cómo quiere que superemos el mal y experimentemos la bendición. Nos acercamos a Dios mediante la oración y dedicando tiempo a su Palabra. Nos acercamos a Dios cuando dedicamos tiempo exclusivamente a escucharlo y a esperar su dirección y guía. Nos acercamos a Dios cuando nos recluimos periódicamente, cerrando los ojos a cualquier otra influencia que pueda distraernos de conocerlo mejor.

Cuanto mejor lo conocemos, más vemos su asombroso poder y su inmenso amor; aprendemos de su sabiduría y experiencia, y en consecuencia, crecemos en nuestra fe. Llegamos a una comprensión aún mayor: "¡Sí! Dios puede vencer al diablo por mí. ¡Sí!

Dios ganará en cualquier conflicto con el diablo. ¡Sí! Dios quiere que pueda vencer a mi adversario y vivir en victoria en Cristo Jesús". La fe es decirle a Dios: "Creo que lo harás". En nuestra batalla para vencer al enemigo, podríamos orar así: "Creo que derrotarás al enemigo y harás que huya de mí mientras lo resisto y pongo mi confianza en ti". Una y otra vez, David hizo esta declaración de fe en el Señor: "Oh Dios mío, en ti confío" (Salmo 25:2). Crecemos en la fe al ejercerla, al confiar en Dios en cada situación, circunstancia tras circunstancia, relación tras relación. Desarrollamos una historia personal en la que obedecemos a Dios y Él permanece fiel en su amoroso cuidado por nosotros. Es imposible resistir al diablo por mucho tiempo si no crees que Cristo Jesús, a través de ti, puede y vencerá al diablo. Además, solo puedes permanecer firme en tu fe cuando te sometes completamente a Dios en todas las áreas de tu vida. Cuando no le sometes un área a Dios, le estás diciendo: "Puedo con esto. No necesito tu ayuda". Ese es precisamente el lugar donde el diablo te atacará!

La buena noticia es que Dios nos ha dado a cada uno una medida de fe para desarrollar. Nos da la capacidad de someternos. Por lo tanto, podemos resistir al diablo mediante nuestras oraciones. Después, debe huir.

QUÉ SIGNIFICA "ORAR SIN CESAR"?

1 Tesalonicenses 5:17 "Orad sin cesar" Qué quiere decir el apóstol Pablo con "orar sin cesar"? Cómo es posible llevar una vida normal mientras se ora sin descanso? En primer lugar, el apóstol no quiso decir que debiéramos andar todo el día murmurando oraciones a Dios. Más bien, enseñó que podemos vivir en una actitud constante

de oración, incluso en nuestra rutina diaria. Claro que algunos días oramos mucho más que otros. Pero independientemente de las tareas de ese día, podemos mantener una actitud natural de oración que abarque toda nuestra vida. Cuando desarrollamos esta actitud de oración, la oración se convierte en nuestro primer instinto cada vez que enfrentamos un desafío o una dificultad. Cuando mantenemos una actitud de oración, no tenemos que pensar en cambiar de una marcha a otra, de una actitud de oración a la práctica de la oración. Nunca se nos ocurre que no debemos orar.

Deberías orar por asuntos triviales? Sí! Dios escucha cada oración. Como Él se interesa en cada aspecto de tu vida, te invita a orar por todo lo que te preocupa, te interesa, te confunde, te asusta o de alguna manera afecta o desafía tu vida. Orar para encontrar lentes perdidos o para recuperar información olvidada son peticiones valiosas. Dios nos ha llamado a ser personas de oración. La comunicación regular en este nivel crea una comunión íntima con el Salvador. A través de la oración descubrimos la bondad y la fidelidad de Dios. Pero si bien tomar tiempo para estar a solas con Dios es lo ideal, no tenemos que limitarnos a esos momentos. Dios escucha nuestras oraciones sin importar dónde oremos. El escritor devocional Oswald Chamber nos anima a depositar una confianza incondicional en Dios. Él dice que con demasiada frecuencia limitamos nuestra oración precisamente porque no nos entregamos a su gracia y misericordia. Considerarán los demás una temeridad, incluso una locura, esa confianza desmedida en Dios? Probablemente. Pero y qué? Solo mediante la oración podemos acceder a los recursos ilimitados de Dios. Solo orando podemos poner a prueba la promesa del Señor: "Si algo pidiereis en mi nombre, yo lo hare" (Juan 14:14). La oración es una de las mejores maneras que tenemos de recordarnos que Dios es nuestro misericordioso Padre Celestial y que somos sus amados hijos.

24

CÓMO PUEDO DESARROLLAR Y MANTENER UNA ACTITUD DE ESCUCHA ACTIVA ANTE EL SEÑOR? 1 REYES 19:11-13

A MUCHAS PERSONAS LES INCOMODA EL silencio, especialmente si están solas. Sin embargo, en el silencio podemos escuchar la voz apacible y delicada del Señor. Sin duda, el profeta Elías lo sabía. Tras recibir una amenaza de muerte de la reina Jezabel, Elías escapó a una zona desierta y aislada. Allí, en una cueva, escuchó al Señor decirle,

> "Sal y ponte en el monte delante del Señor. Y he aquí, el Señor pasaba, y un viento fuerte y poderoso azotaba las montañas y quebraba las rocas delante del Señor, pero el Señor no estaba en el viento; y tras el viento, un terremoto, pero el Señor no estaba en el terremoto; y un fuego, pero el Señor no estaba en el fuego; y el fuego, una voz apacible y delicada. Al oírlo, Elías se cubrió

el rostro con su manto, salió y se paró a la entrada de la cueva. De repente, una voz le dijo: "Qué haces aquí?".

(1 Reyes 19-11-13).

La quietud es esencial para escuchar. Si estamos demasiado ocupados para sentarnos en silencio en Su presencia; si estamos preocupados por pensamientos o preocupaciones sobre el día; si hemos llenado nuestra mente hora tras hora con interferencias carnales y charlas sin sentido, entonces tendremos dificultades para escuchar verdaderamente la voz apacible y delicada de Dios. Reserva momentos para "esperar en el Señor" en silencio. Quizás descubras que tarde en la noche o temprano en la mañana es un buen momento para la soledad y la tranquilidad. Un paseo al mediodía por el parque puede ser un momento para aquietar tu alma ante el Señor. Pídele al Señor que te revele un momento y un lugar donde puedas desconectar de las preocupaciones del mundo por unos momentos y escucharlo. A menudo dedicamos nuestro tiempo de oración a hablar con el Señor, sin dedicarle tiempo a esperar en silencio para ver qué nos dice. Tómate un tiempo para sentarte o arrodillarte intencionalmente en silencio ante el Señor. Vacía tu mente de todo otro pensamiento. Concéntrate en Su Palabra y Su presencia contigo. Pide hablar contigo.

ESCUCHAR A DIOS ES ESENCIAL PARA CAMINAR CON DIOS.

Salmo 81:8 "¡Escucha, pueblo mío, y te amonestaré! ¡Oh Israel, si me escuchas!" Una de las lecciones más importantes que podemos aprender es cómo escuchar a Dios. En nuestras vidas complejas y agitadas, nada es más urgente, nada más necesario y nada más gratificante que escuchar lo que Dios nos dice. Una verdadera conversación, por supuesto, implica hablar y escuchar. A la mayoría de nosotros nos va mejor hablando. Solía estar tan ocupada haciendo la obra del Señor que no tenía tiempo para prestar atención a la voz de Dios. Salía a evangelizar con mis dos hijas y repartía tratados y Biblias a las almas perdidas. Como Dios me había llamado a ser obrera en su viña, tomaba su servicio en serio, pero no tenía tiempo para quedarme quieta ante su presencia. Dedicaba tiempo a hablar con Dios sobre mis necesidades personales y el ministerio que él había puesto en mis manos. Nunca había dedicado mucho tiempo a escuchar. a Él. Si no aprendemos a escuchar a Dios, podemos tomar decisiones imprudentes y cometer errores muy costosos. Quizás te preguntes: "¿De verdad nos habla Dios hoy?". La Biblia nos asegura que sí. El libro de Hebreos comienza así: "Dios, habiendo hablado muchas veces y de muchas maneras en otro tiempo a los padres por los profetas, en estos últimos días nos ha hablado por el Hijo" (Hebreos 1:1-2). Nuestro Dios no guarda silencio. Nuestro Padre Celestial está vivo y activo.

Él nos habla individualmente. Además, no habla con palabras veladas, enigmas ni misterios. Habla con claridad. El objetivo de cualquier comunicador es ser comprendido, no solo hablar bien. Dios habla de tal manera que podemos escucharlo, recibir su mensaje con claridad y comprender con precisión lo que Él quiere que hagamos. Dios no solo habla en términos generales y absolutos, sino también a cada uno de nosotros personalmente. Dios es un Dios infinito, plenamente capaz de comunicarse con cada uno de nosotros justo cuando nos encontramos en medio de nuestras circunstancias, de manera muy personal, directa y explícita. Este puede ser el concepto más importante que jamás comprenderás al aprender a escuchar a Dios cuando Él habla. Todo lo que dice la Biblia se aplica a tu vida de alguna manera. Cada mensaje o comunicación basado en la Palabra de Dios transmite la verdad para ti. No hay nada en un capítulo de la Biblia, un sermón basado en la Palabra de Dios o un libro sobre la Palabra de Dios que no sea para ti. Cada uno de nosotros debe tomar la Palabra de Dios como algo personal!

Dios no tiene favoritismos. No le habla a un hijo e ignora a los demás. Su palabra de corrección puede ser personal y no quieras compartirla con otros, pero en última instancia, la palabra de corrección de Dios se aplica a todos. Lo mismo aplica a las promesas, provisiones y perspectivas de Dios. Dios no habla con frivolidad. No bromea. Dios habla en serio y hará lo que dice. Dios se toma en serio su relación contigo. Él espera que respondas a su voz, prestes atención a su palabra y actúes conforme a ella. Escuchar a Dios no es un pasatiempo casual ni una actividad de "probémoslo a ver si te gusta". Escuchar a Dios es lo más importante que puedes hacer, por el bien de tu alma eterna. Así que, cuando pases tiempo hablando con Dios en oración, espera en silencio a que Él vea lo que tiene que decir. Escucha la voz de Dios, Él se preocupa por ti!

25

QUÉ PASOS PUEDO TOMAR CUANDO REALMENTE NECESITO ESCUCHAR A DIOS? 2 REYES 7

A LO LARGO DE LA BIBLIA, leemos sobre profetas y otros hombres y mujeres que imploraron a su pueblo que escuchara la palabra del Señor. Obviamente, Dios deseaba fervientemente que su pueblo escuchara su voz. Y aún lo desea. Entonces, ¿cómo escuchamos a Dios cuando nos habla hoy? ¿Qué pasos podemos dar para prepararnos para escuchar lo que Él tiene que decir? Tendemos a complicar el proceso. Cuando queremos preguntarle a Dios qué desea para nuestras vidas, a menudo actuamos como si quisiéramos recibir una llamada del cielo en la que el Señor nos dé un plan detallado para los próximos cinco años. De hecho, ya tenemos todo lo necesario para descubrir lo que Él quiere para nosotros. Desarrollar disciplinas espirituales diarias nos ayuda a escuchar la voz del Señor con claridad y a buscar su guía continuamente. Reflexiona sobre los siguientes pasos básicos que puedes seguir para escuchar al Señor cuando te habla: Al leer la Palabra de Dios, al sumergirnos en ella a diario, comenzamos a ver el orden que Él ha establecido para nuestras vidas. Aprendemos sobre la verdad, la misericordia, el amor y el perdón de Dios. Búscalo en oración. Muchas veces, inclinar la cabeza es la mejor manera de ver el rostro de Dios y escuchar su voz. Al abrirnos ante el Señor, podemos hablar honestamente con Él sobre nuestras circunstancias, escuchando su dirección mientras permanecemos en silencio. La oración es más que una simple lista de deseos para Dios; es una conversación en la que interactuamos con Él. Meditación: meditar en lo que Dios nos dice al corazón es una excelente manera de dejar que sus verdades se arraiguen en nuestras almas. Lo que leemos o escuchamos de Él no solo impactará nuestras vidas, sino que al meditar en ello, Dios tiene la base para sentar un fundamento inquebrantable en nuestros corazones. El salmista le dijo al Señor: "Tengo más entendimiento que todos mis maestros, porque tus testimonios son mi meditación" (Salmo 119:99). Oyes con los oídos. Si tienes audición normal, no puedes evitar oír sonidos dentro de cierto rango de audio. Escuchar, sin embargo, va más allá, involucrando la mente. La escucha genuina es activa, es decir, pone la mente en marcha y escucha todo lo que se dice, buscando atentamente el significado. ¡Así es como Dios quiere que lo escuchemos activamente!

La oración es el mayor ahorro de tiempo de la vida

Cuando mi familia se mudó a Nueva York, no lograba encontrar el trabajo ideal. Me llevó más de un año conseguir un empleo en un lugar que me hiciera sentir bien. Recibí el apoyo de mi iglesia y de un amigo de la familia antes de conseguirlo. Como pueden imaginar, anhelaba tener mi propio trabajo y se lo pedía a Dios, pero no lo conseguía. No entendía qué pretendía Dios al no satisfacer mi deseo de inmediato. Durante la espera, me pregunté: "Por qué Dios no respondió a mi oración a tiempo?". Pregunté. Pero Dios me cuidaba y finalmente respondió a mi oración cuando sintió que estaba bien preparado para salir a trabajar. La oración no solo nos ahorra muchos problemas, sino también mucho tiempo. La respuesta de Dios nos parece una demora, pero en realidad nos evita perder incontables horas buscando algo que Él no nos había llamado a hacer. La oración es el mayor ahorro de tiempo de la vida. Jesús habló de esta relación entre una aparente demora en las respuestas de Dios a nuestras oraciones y cómo nos ahorra tiempo. En Lucas 18, contó una parábola para enseñarnos que "es necesario orar siempre y no desmayar" (v. 1). No parece un pasaje que explique cómo la oración ahorra tiempo, verdad? Sin embargo, al final de su relato, Jesús explicó su punto así: "Y acaso Dios no hará justicia a sus escogidos, que claman a él día y noche, aunque sea paciente con ellos? Les digo que pronto les hará justicia" (Lucas 18:7-8). Lo captaste? Dios puede ser paciente con nosotros en nuestras oraciones, y aun así, se compromete a actuar en nuestro favor con prontitud. Eso significa que la oración es realmente el mayor ahorro de tiempo en la vida, porque Dios responderá nuestras oraciones tan pronto como sea mejor para nosotros, ni un momento antes ni un segundo después. Lo que puede parecernos una demora, en realidad es Dios ahorrándonos una enorme cantidad de tiempo perdido. Una de las transmisiones de televisión de la iglesia fue retirada del aire debido a un conflicto interno. Después de que la iglesia resolvió el conflicto, la iglesia solicitó a la misma estación si podían reprogramarla en su estación antes de la hora de transmisión, solicitud que fue rechazada. La iglesia también ofreció comprar tiempo en la estación, pero la solicitud también fue rechazada. La iglesia creía que Dios los quería en televisión, así que oraron para que les permitiera nueva-mente comenzar un ministerio televisivo. Cuando los miembros de la iglesia comenzaron a orar, pensaron que pronto habría una opor-tunidad. Pero les tomó un año obtener resultados. Finalmente, dos estaciones les ofrecieron un espacio en su programación semanal. Una oportunidad llevó a otra, y hasta el día de hoy su servicio se transmite a través de "In Touch Ministries" en todo el mundo. Dios no respondió a su oración de volver al aire por un tiempo. Esperó y le proporcionó a la iglesia algo mucho mejor de lo que pidió.

Muchos jóvenes oran y oran para que el Señor les proporcione una pareja. Al acercarse a los veintitantos, muchos desafían el interés de Dios. Se preguntan: "Qué espera Dios?". Dios puede estar espe-rando el momento en que sabe que están listos. Lo que para ellos parece una demora, en realidad les ahorra incontables horas, días, meses e incluso años de angustia. Al reflexionar sobre mi vida, me doy cuenta de que si Dios hubiera respondido a ciertas oraciones mías según mi propio tiempo, me habría perdido lo mejor de Él en todos los casos. Imaginen por un momento lo que haría un niño de cinco años con una navaja y una linterna. A un buen padre podría no importarle darle la navaja, pero el niño necesita crecer antes de que se le pueda confiar. De la misma manera, Dios espera que crezcamos espiritualmente en algunas áreas antes de darnos todas las bendi-ciones espirituales y materiales que tiene reservadas para nosotros (Efesios 1:3). Dios responderá nuestras oraciones tarde o temprano. Por eso la oración es realmente el mayor ahorro de tiempo en la vida.

26

CÓMO PUEDO ENRIQUECER MI TIEMPO A SOLAS CON DIOS?

ALGUNA VEZ TE HAS SENTADO EN un lugar tranquilo con tu Biblia, listo para tener un tiempo devocional con el Señor, pero te sentías sin rumbo? Quizás hojeaste las páginas y finalmente te decidiste por un salmo. Pero luego recordaste otra cita, así que hiciste una oración rápida y te dijiste a ti mismo que orarías más tarde, pero nunca sucedió. No estás solo si te sientes frustrado con la calidad de tus momentos devocionales. Por mucho que desees una verdadera intimidad con tu Salvador personal, recuerda que Él la anhela aún más. Santiago 4:8 promete: "Acérquense a Dios, y él se acercará a ustedes". Ayuda a muchas personas a obtener orientación sobre cómo desarrollar una relación cercana con Cristo. Establecer metas específicas puede ayudarte a concentrarte en su Palabra a diario. Primero, selecciona un plan que se ajuste a tu comprensión. Recuerda, pasar tiempo con Dios casi nunca encajará en tu rutina diaria. Debes programar y cuidar celosamente tu tiempo con Dios. Cuanto más honres esa cita, mayor será tu enriquecimiento. Te has topado con palabras o pasajes confusos? En lugar de esperar a analizarlos, siéntate con un diccionario bíblico, una concordancia u otras ayudas de estudio. Puede que resuelvas tu duda por completo, pero buscar su verdad por tu cuenta puede impulsar un crecimiento asombroso.

Quizás no puedas comprar tus propias herramientas de estudio bíblico. Nunca te rindas! Busca otras opciones. Hay muchos buenos materiales de referencia bíblica disponibles gratuitamente en internet. Algunas iglesias, al igual que algunas bibliotecas públicas, tienen bibliotecas donde puedes pedir prestado lo que necesites. Pregunta a tu pastor o a un asociado de la iglesia si tienen materiales que puedas usar. La mayoría de las personas encuentran en el cuerpo de Cristo un deseo de ayudar en esta búsqueda. Mientras lees la Biblia, ten a mano un cuaderno y un bolígrafo para escribir un diario espiritual. Algunas personas registran sus oraciones diarias, dejando un espacio para describir cómo Dios les respondió. Quizás prefieras un formato en el que escribas un versículo especial y describas por qué te impactó. Si ya tienes un diario, sabes lo maravilloso que es ver un recordatorio de tu camino espiritual. ¿Estás listo para una relación con Jesús sin límites? Entonces abre tu tiempo, tu vida, tu corazón y espera la intervención del Señor.

ENCUENTRO CON UN DIOS TEMIBLE

Truenos y relámpagos, una densa nube, humo, fuertes trompetas y luego la voz de Dios: todo esto fue experimentado por los israelitas cuando Dios descendió a la cima del monte Sinaí (Éx 19:16-19). Tiemblan de miedo (Éx 20:18); imagina el llanto y el caos mientras las madres llaman a sus hijos y las familias se reúnen. Se encogen de miedo ante la temible presencia de Dios, esperando la muerte.

Has experimentado la inmensidad del poder, la majestad y la santidad de Dios? Pocas personas lo han hecho y pocas quieren hacerlo. Es mucho más placentero pensar en el rostro hermoso, pacífico y amoroso de Dios que en su grandeza, santidad y poder. Quiere Dios que le temamos? Qué distinción hace Moisés entre temer a Dios y temerle (Éx 20:20)? Si temer a Dios no es lo mismo que tenerle miedo, qué significa temerle (Hebreos 12:18-29)? Cuáles son los beneficios de temer a Dios (Salmos 25:14; 31:19; Proverbios 14:26-27)? ¿Cuáles son las consecuencias de no temerle a Dios (Jeremías 5:21-25)? Los israelitas depositaron su confianza en otros dioses, en la fuerza humana, en el poder y en la riqueza. Has depositado tu confianza en algo o alguien que no sea Dios? Temer a Dios es reconocer su santidad y poder, respetarlo, honrarlo y reverenciarlo. Quienes se rebelan contra Dios deben temerle. Su rebelión provoca su ira (Salmos 90:7:11). Pero si eres su hijo, Dios no quiere que le tengas miedo.

Éxodo 3:1-6. El primer encuentro de Moisés con Dios lo aterroriza. Sin embargo, a medida que su relación se vuelve más íntima, Dios le habla a Moisés "cara a cara, como habla un hombre con su amigo" (Éxodo 33:11). Más tarde, Moisés le pide con valentía a Dios: "Muéstrame tu gloria" (Éxodo 33:18). Dios entonces descendió en la nube y se quedó allí con Moisés, proclamando que Él es "el Señor, Dios compasivo y clemente, lento para la ira, grande en amor y fidelidad, que guarda amor a millares y perdona la maldad" (Éxodo 34:5-7). A medida que Moisés conocía a Dios más íntimamente, su miedo disminuía; se sentía asombrado por la santidad de Dios. ¿Tienes miedo de Dios? O le temes? Dios desea una relación íntima contigo. Si deseas ver su rostro, puedes estar seguro de que un día tu deseo se cumplirá (Apocalipsis 22:4).

Los israelitas se preparaban para encontrarse con Dios consagrándose y lavando sus ropas (Éx 19:10). La pureza es una necesidad en la presencia de un Dios Santo. Eres purificado por la sangre de Jesús (Heb 13:11-12; 1 Jn 1:7). Él es tu justicia (1 Co 1:30). Usa las Escrituras (como el Salmo 99:1-5) para expresar tu adoración a Dios. Escribe tu propio salmo de alabanza o cántale una canción a Dios: «Él se acercará a ti» (Stg 4:8). El tiempo que pasas con él es incomparable porque él es único (Jer 10:6-7). Si tienes miedo, pídele a Dios que se te muestre como tu amigo amoroso y compasivo. El Espíritu Santo te ayudará a medida que te entregas a Dios, aprendes a confiar en él y comienzas a disfrutar de su presencia.

27

CÓMO PUEDO ASOCIARME CON EL ESPÍRITU SANTO EN MI VIDA?

ANTES DE RESPONDER, PERMÍTANME HACERLES UNA pregunta. Qué les permitió comenzar una relación con Dios? Cómo, siendo pecadores, entablaron una amistad con un Dios Santo? Qué los unió? Fue su dedicación? ¿Fue resultado de su esfuerzo incansable? Claro que no! Lo hicieron por fe. Y nada ha cambiado. "De la manera que recibieron a Cristo Jesús como Señor, anden en él; arraigados y sobreedificados en él, y confirmados en la fe, así como se les ha enseñado" (Col. 2:6-7). No somos la primera generación de cristianos que ha intentado tomar las riendas; la iglesia primitiva tenía el mismo problema. Es parte de la naturaleza humana caída querer mantener el control, hacer las cosas nosotros mismos. Cuando se trata de la justicia, ya sea para la salvación o para la vida, debemos dejar que Dios haga la obra. La vida llena del Espíritu es una vida de fe. Comenzó por fe y se sustenta en ella. Es fe de principio a fin. Entonces creímos que Jesús nos salvó del poder del pecado; ahora debemos creer que Él nos salva del poder del pecado. Entonces confiamos en Él para perdón, y lo recibimos; ahora debemos confiar en Él para justicia, y también lo será. Entonces lo aceptamos como Salvador de las penas de nuestros pecados; ahora debemos aceptarlo como Salvador de la esclavitud de nuestros pecados. Entonces Él será levantado del abismo; nos sentará en los lugares celestiales con Él. La Biblia nunca distingue entre la fe que nos salvó de la pena del pecado, de una vez por todas, y la fe que nos salva del poder del pecado, cada día. Es lo mismo. Entonces, qué es la fe? La fe es creer que Dios cumplirá lo que ha prometido. La fe no es un poder ni algo que debamos cultivar en nuestro interior. La fe es confiar en que Dios cumplirá sus promesas. Eso es todo. Debemos vivir nuestras vidas, tomar decisiones, afrontar las crisis, criar a nuestras familias, etc., como si Dios realmente hiciera lo que dijo que haría. Eso es lo que significa colaborar con el Espíritu.

CONFIAR EN DIOS SIGNIFICA MIRAR MÁS ALLÁ DE LO QUE PODEMOS VER, A LO QUE DIOS VE.

Mirando al otro lado del valle de Lea, ante los ojos de Goliat, David recordó las veces que Dios lo había librado del borde del desastre. Dios siempre le había dado la capacidad necesaria para triunfar. Ahora enfrentaba uno de los mayores desafíos de su vida: un guerrero entrenado y bien armado llamado Goliat. En algún momento, cada uno de nosotros enfrentará lo que parecerán pruebas y dificultades colosales. Por eso debemos saber cómo responder a cada amenaza aferrándonos a la fe victoriosa que ve más allá de lo que podemos ver, a lo que Dios ve. El secreto del éxito de David fue su capacidad de confiar y obedecer a Dios. Si simplemente hubiera contemplado el gigantesco desafío que enfrentaba, habría dado media vuelta y huido, como el resto de los israelitas. Pero a través de la fe, David vio lo que sus compatriotas no vieron. En momentos de extrema presión, Dios fortalece nuestra fe y profundiza nuestra dependencia de Él. Sin una fe firme y duradera, podemos ceder fácilmente a la tentación y al miedo, especialmente cuando la prueba o dificultad es intensa o prolongada. Dios desarrolló la confianza de David hasta que se volvió inquebrantable. Sea cual sea el Goliat que enfrentes, necesitas enterrar una verdad en lo profundo de tu corazón: Dios te ama, y cuando depositas tu confianza en Él, no permitirá que sufras la derrota. Puedes atravesar momentos de fracaso. Puede que la vida no siempre resulte como la planeaste, pero al final, Dios será glorificado y tú serás bendecido. Cada desafío presenta una oportunidad para que Dios demuestre su fidelidad y amor. En lugar de ceder a pensamientos de miedo y fracaso, comprométete a confiar en Dios, incluso cuando no sepas qué te deparará el día siguiente. Entrénate a mirar más allá de lo que puedes ver, a lo que Dios ve.

David fundó su fe en la soberanía de Dios; por eso sabía que no fracasaría en su lucha por derrotar al gigante filisteo. ¿Cómo se puede alcanzar esa clase de fe? David recordó cómo Dios lo había librado de las garras del león y de las garras del oso (1 Samuel 17:32-37). Primero se obtienen victorias espirituales en la mente. Si se deja llevar por el miedo y la duda, se pierde. Cuando se centra en la verdad de la Palabra de Dios, siempre se gana. Nadie en el campamento israelita animó a David en su lucha por derrotar a Goliat. Los soldados se rieron de él. Su hermano se sintió avergonzado por su presencia y lo instó a irse a casa. Incluso el rey Saúl dudó de David. Si hubiera escuchado sus comentarios despectivos, se habría dado por vencido, pero volvió su corazón hacia Dios y allí encontró el aliento que necesitaba. David entró en la batalla gritando a su arrogante oponente las memorables palabras: «La batalla es del Señor y Él os entregará en nuestras manos» (1 Samuel 17:47). ¡Qué manera victoriosa de decir: Que Dios gane!. Puedes enfrentar cualquier circunstancia con confianza y esperanza, porque no es tu fuerza, sabiduría, energía ni poder lo que te da la victoria. El triunfo viene gracias al poder de Dios, y cuando pones tu confianza en Él, accedes a una fuerza irresistible a la que nadie ni nada puede oponerse con éxito.

28

INTIMIDAD CON DIOS

El Espíritu de Dios a menudo nos habla en la quietud de nuestro corazón con una palabra de convicción o seguridad. Cuando el Espíritu Santo nos aleja de algo dañino, solemos sentir pesadez o una sensación de angustia, un presentimiento de inquietud en nuestro espíritu. Cuando el Espíritu Santo nos dirige hacia cosas útiles, solemos sentir una profunda paz interior, un anhelo por ver lo que Dios hará y un sentimiento de alegría. El Espíritu Santo ha venido a revelarnos la verdad. Ha venido con su omnisciencia para impartirnos lo que necesitamos saber para vivir vidas obedientes y fieles. Confía en su guía, ahora y siempre! ¿Te asusta la idea de la intimidad con Dios? "Quién podría tener intimidad con un Dios Santo y Justo?", te preguntas. Sí, Dios es santo y justo, y también amoroso y compasivo. Dios se revela en las Escrituras como padre y esposo. Él provee para ti y te protege como un padre amoroso. Como tu esposo, desea satisfacer tu necesidad de intimidad. La experiencia humana más íntima es la relación entre esposo y esposa. La Biblia revela el deseo de Dios por ese tipo de intimidad a través de alegorías como la del libro de Oseas y en pasajes individuales como Isaías 54:5: "Porque tu Hacedor es tu esposo, el Señor Todopoderoso es su nombre". Hoy en día, los estudiosos de la Biblia enfatizan la necesidad de tomar el Cantar de los Cantares al pie de la letra como poesía de amor clara y sin complejos, pero históricamente este libro se ha visto como una comparación de Dios entre la intimidad con su pueblo y la adoración apasionada entre dos amantes. El Cantar de los Cantares 2:1-3 expresa el deleite que los amantes encuentran el uno en el otro. En quién se deleita Dios (Salmo 147:11)? Qué da Dios a quienes se deleitan en él (Salmo 37:4)? El amante ve a la amada como única y más deseable que los demás (Cantar de los Cantares 2:2). Cómo te ve Dios a ti (Efesios 1:4-6; 1 Pedro 2:9)? El amante proclama a todos que la amada es suya y la ama (Cantar de los Cantares 2:5-6). Cómo proclama Dios su amor por ti (Efesios 1:7-14)?

La amada encuentra fuerza, consuelo y ternura en su amante (Cantar de los Cantares 2:8-9). Qué necesidades tienes que Jesús puede suplir? La amada anhela la presencia de su amado y se regocija cuando él está cerca (Cantar de los Cantares 2:8-9). Anhelas la presencia de Dios? (Salmo 16:11; 1 Juan 3:19-20). Qué puedes experimentar al anhelar la presencia de Dios? El amante llama a la amada, atrayéndola con promesas de amor y plenitud (Cantar de los Cantares 2:10-13). Cuál es la advertencia de la amada (Cantar de los Cantares 2:7)? El amor a Dios no puede ser fingido ni inventado. Cuando tu amor por Dios y tu deseo de estar en su presencia se convierten en hambre y anhelo, te estás acercando a la profundidad de la intimidad que Dios desea tener contigo. Dios te busca y desea una relación íntima contigo, una relación que dure para siempre, una que satisfaga tus necesidades más profundas. Puedes responder a Dios permitiéndole que te atraiga a sus brazos amorosos. Tu vida, tus relaciones, tus reacciones, todo se verá afectado por el abrazo de Dios. Si deseas intimidad con Dios, acude a Él en oración; Él te espera. Se regocijará y te tratará con ternura y compasión (Isaías

40:11). Él es el amante perfecto de tu alma, quien nunca te decepcionará (Romanos 5:5), quien será fiel, leal y amoroso (Salmos 145:13; Apocalipsis 19:11). Cuánto tiempo pasará antes de que digas: "Mi amado es mío y yo soy suyo" (Cantar de los Cantares 2:16)?

29

DIOS TE BUSCA

Cada día en el Jardín del Edén es perfecto. La suave tierra acurruca los pies descalzos de Adán y Eva. El rocío riega su entorno, creando un verde perfecto y exuberante. Las tardes en el jardín son aún mejores si se puede mejorar la perfección. Es entonces cuando Adán y Eva caminan con Dios; su presencia sobrepasa el resto del día y les brinda alegría y paz. Pero este día es diferente. Escuchan la voz del Señor Dios mientras camina en el jardín, al fresco del día (Génesis 3:8). Pero no corren a su encuentro. Ya no se sienten como antes. Se esconden porque están llenos de vergüenza, una nueva emoción para ellos. Dios también te llama. Corres a su encuentro o te escondes de Él? La vergüenza puede impedir una relación íntima y personal con Dios. Pero es importante diferenciar entre la verdadera vergüenza y la falsa vergüenza. Sientes verdadera vergüenza si te sientes culpable de tu pecado (y todos pecamos). Sientes vergüenza falsa si te sientes sucio porque otra persona pecó contra ti (por ejemplo, la vergüenza que sienten las víctimas de abuso sexual, abuso conyugal o violación). Si has sido herido por el pecado de otra persona, puedes sentir vergüenza, pero no es vergüenza verdadera. Lleva la verdadera vergüenza a la cruz de Jesús para perdón. Lleva la vergüenza falsa a los brazos de Jesús para sanación (1 Pedro 2:24). Adán y Eva sienten vergüenza. Cuál es la raíz de su vergüenza y culpa (Génesis 3:11)? Qué has hecho tú que te causa vergüenza? Cuál es la raíz de tu vergüenza (Romanos 3:10-12)? Adán y Eva cubren su desnudez (la evidencia externa de su vergüenza) con unas frágiles hojas de higuera. Qué has hecho tú para intentar ocultar tu vergüenza? Han tenido algún impacto tus esfuerzos? (Isaías 59:2). Qué ha hecho Jesús para eliminar tu vergüenza y cuál es tu posición actual ante Dios? Si tu pecado parece tan grande u horrible que no puede ser perdonado, o si tu vergüenza parece tan abrumadora que no puede ser eliminada, recuerda que Jesús te ama tanto que ya cargó con tu pecado y tu vergüenza. Él te limpia de ellos. Recibe su regalo y deja que él limpie tu vergüenza. A pesar de tu pasado, no importa lo que hayas hecho, Dios te ama con un amor eterno; "Te he prodigado mi misericordia" (Jeremías 31:3). Si tu vergüenza es por tu propio pecado, escribe el nombre de ese pecado en una hoja de papel. Luego, con un lápiz, escribe la palabra vergüenza con letras grandes sobre el papel. Jesús sabe lo que ha sucedido y te ama de todos modos. En oración, confiesa tu pecado y tu necesidad de Jesús. Con fe, borra la palabra vergüenza. Ahora escribe con tinta la palabra perdonado sobre el papel. Recuerda: "Los que miran hacia él están radiantes; sus rostros nunca están cubiertos de vergüenza" (Sal 34:5).

RELACIONES ROTAS

Uno de los capítulos más tristes de la Biblia, 1 Samuel 15, habla de desobediencia, avaricia, mentiras, negación y culpar a otros. El resultado: relaciones rotas con la gente y con Dios. Cómo pasa Saúl de ser el rey elegido por Dios a ser rechazado por Él? Bueno, ciertamente no sucedió de la noche a la mañana, y rechazar a Saúl no fue una decisión repentina de Dios. Aquí tenemos el retrato de un hombre que se parece más a nosotros de lo que nos gustaría admitir. Qué mandato le da Dios a Saúl en 1 Samuel 15:3? "Destruir totalmente" nos parece aborrecible hoy en día. Pero Dios usó la destrucción total para castigar a las naciones por su pecado y preservarlas de influencias viles. ¿Cómo desobedece Saúl este mandato (Isaías 15:8-9)? ¿Cómo es que ofrecer a Dios (mediante la muerte) los animales "despreciados y débiles" demuestra falta de respeto hacia Él (Mal. 1:7-12)? ¿Cómo es que quedarse con los mejores animales demuestra avaricia (1 Samuel 15:9, 19)? De qué maneras has reservado lo mejor para ti? Cómo revela Saúl su orgullo? (1 Samuel 5:12). Saúl se atribuye el mérito por lo que se hace bien y culpa a otros por lo que se hace mal. Alguna vez has jugado a echar la culpa a otros? Cómo interfiere esto en tu relación con Dios? Cuál es el castigo de Saúl? Cómo va esto más allá del castigo que había recibido previamente por su desobediencia? Qué revela esto acerca de Dios (Joel 2:13)? Qué dice el uso inconsciente que Saúl hace del pronombre "tu" (1 Samuel 15:15, 21, 30) sobre esta relación con Dios? Cómo intenta mantener la apariencia de tener una relación con Dios? Alguna vez lo has hecho, cuándo y por qué? Cómo revela Saúl que su arrepentimiento no es sincero, sino simplemente un intento de escapar del juicio? Cuándo has puesto excusas por tu pecado cuando Dios exigía un verdadero arrepentimiento? Cómo impide esto la reconciliación con Dios? Si no conoces la historia de David y Betsabé, quizás quieras leer 2 Samuel 11. David cometió adulterio con Betsabé y luego mandó matar a Urías, su esposo, para encubrir lo que había hecho. El profeta Natán confronta a David con su pecado. Aunque la confesión de David es la misma que la de Saúl: "He pecado" (1 Samuel 15:24; 2 Samuel 12:13), la actitud de David es totalmente diferente.

Responde con verdadero arrepentimiento y recibe perdón de inmediato (2 Samuel 12:13). El verdadero arrepentimiento es más que un simple «tienes razón; Lo siento". El verdadero arrepentimiento es un reconocimiento sincero de la culpa, acompañado de un deseo de restauración y un alejamiento del pecado. Dios perdona el pecado de David y este se consagra al Señor por el resto de su vida. Se le recuerda como alguien que "había obrado rectamente ante los ojos del Señor y no había faltado a ninguno de sus mandamientos en toda su vida, excepto en el caso de Urías el hitita" (1 Reyes 15:5).

Estás alejado de Dios por el pecado y la desobediencia?

Vuelve a Él. Él no se apartará de un corazón contrito y humillado (Salmo 51:17). Tu relación rota solo puede restaurarse si tu corazón está quebrantado por el arrepentimiento. Lleva los pedazos de tu corazón y de tu vida a Jesús, el único que puede recomponerlos.

30

LA VOZ DE DIOS

IMAGINA ESCUCHAR LA VOZ DE DIOS! Moisés parece aceptar esto como algo normal. Y, de hecho, es normal para Moisés. Las palabras "el Señor le dijo a Moisés" aparecen 138 veces en el Antiguo Testamento, y "el Señor le dijo", 290 veces. Dios no guardó silencio entonces, y no guarda silencio hoy. Aunque no hable de forma audible, Dios todavía tiene mucho que decirnos. Te ha hablado alguna vez el Señor (ver Juan 14:26; 1 Jn 2:27)? De qué maneras el Espíritu Santo podría comunicarse contigo? Y cómo sabes si la voz es de Dios? La Biblia es la principal vía por la que el Espíritu habla y la prueba para todas las demás voces que afirman ser de Dios. Es "viva y eficaz" (Hebreos 4:12). Nos dice quién es Dios y quiénes somos nosotros. Qué perspectiva particular te ha dado últimamente sobre Dios o sobre ti mismo? El Espíritu Santo a veces le hablaba directamente a Pablo; sin embargo, otras veces usaba personas para guiarlo (Hechos 21:10-11). Alguna vez te ha parecido que Dios usó a alguien para guiarte? Describe lo que sucedió. Al recordar, crees que la guía cumple con las Escrituras? ¿Por qué o por qué no? El Espíritu a veces habla a través de visiones y sueños. Pedro aprendió una lección importante a través de una visión (Hechos 10:9-10). Alguna vez has tenido un sueño o una visión que sentiste que provenía de Dios? Cómo fue el sueño o la visión? Qué te reveló? Al recordar, crees que el sueño o la visión cumple con las Escrituras? Por qué o por qué no? El Espíritu Santo a veces usa las circunstancias para comunicarse con las personas. Dios usó las circunstancias de Ester para salvar a su pueblo. Cuándo has sentido que Dios usó tus circunstancias para hablarte? En retrospectiva, crees que tu interpretación de las circunstancias concuerda con la enseñanza de las Escrituras? Por qué o por qué no? El Espíritu puede poner pensamientos en la mente de las personas. Puso los planos del templo en la mente de David (1 Crónicas 28:12, 19). Alguna vez has tenido planes, ideas o impresiones mentales que percibiste como provenientes de Dios? Descríbelos. Al recordarlos, crees que tus ideas estaban en consonancia con las Escrituras? Por qué o por qué no? Dios es una persona; quiere tener una relación contigo. En otros casos, la relación requiere comunicación. En otras palabras, Él puede estar hablando, pero ¿estás escuchando? Y si estás escuchando, estás probando la voz de Dios para ver si es la de Dios? Jeremías 32:6-9. Jeremías recibe la orden de Dios de comprar un campo. No actúa de inmediato. Quizás no está seguro de que el mensaje provenga de Dios. Solo cuando su primo se le acerca y le dice: "Compra mi campo", Jeremías se convence de que el mensaje viene de Dios. Qué debes hacer si crees oír a Dios hablar, pero no estás seguro? Intenta comprobar si una impresión mental proviene del Señor (1 Jn 4:1-3). Una palabra de Dios siempre concuerda con la Biblia. Él no se contradice. Una palabra de Dios también es coherente con el carácter de Cristo. Si crees en Cristo, tienes al Espíritu Santo en ti y deberías sentirte de acuerdo con un mensaje que verdaderamente proviene de Dios. Pregúntate: Estoy fijando mi mirada espiritual en Jesús o mis propios deseos han contaminado la impresión? Estoy obedeciendo las Escrituras o me estoy engañando?

Durante tu tiempo de oración, escucha al Señor hablar a tu corazón, quizás a través de un versículo bíblico, una canción, una impresión mental o alguna reacción. Quizás sientas una respuesta en ti de fe, asombro, paz, alabanza y sanación. El Espíritu habla a lo más profundo de tu ser, llenando ese lugar profundo en ti, ese lugar al que nadie más puede llegar.

EL DIOS CANTOR

Imagina escuchar a Dios cantar. ¿Suena como el poderoso rugido de un trueno (Joel 3:16) o como un suave y apacible susurro (1 Reyes 19:12)? Es poderoso y fuerte, pero a la vez inimaginablemente hermoso, puro y dulce. Y él canta esa gloriosa canción sobre ti! Por qué Dios canta sobre ti? Porque se deleita en ti. Haces que su corazón cante de alegría. Lo crees? Si no, por qué no? Hay obstáculos: tu pecado y tu culpa, tu constante alejamiento de Dios, las acusaciones del enemigo de que no eres digno y tu miedo al rechazo. Analicemos cada uno de estos obstáculos para que puedas comprender que todo lo que necesitas ya lo posees. La misericordia, la gracia, el amor y la presencia de Dios ya son tuyos. Sí, eres pecador. Esa es la razón misma por la que debes acudir a Él. Qué ha hecho Dios por ti y por qué lo hizo? (1Ti 1:5; Tit 3:4-7). Dios se deleita cuando obedeces (Dt. 30:9-10). Si te alejas de Él, te disciplinará (Pr 3:11-12; Heb 12:5-11). Cuál es el objetivo de Dios en la disciplina (2 Co 7:9-10)? Cómo calma Dios tus sentimientos de rechazo e indignidad (Sof 3:17)? No es su poder ni su majestad lo que calma tus temores; es su amor inagotable (Sal 36:7-8; Isa 54:10). Cuál es la promesa de Dios para ti (Jer 32:38)? Crees esto? Dios se regocija cuando puede hacerte bien (Sal 32:41)? Se deleita en tu bienestar (Sal 35:27). Y qué hay de tu enemigo, el acusador (Isa 50:7-9; 54:16-17; Sof 3:15)? Por qué Dios nunca te rechazará (1 Sam 12:22; Sal 94-14)? El nombre de Dios se glorifica cuando derrama amor y bondad sobre su pueblo. Por amor a su nombre, su gloria nunca te abandonará (Isaías 48:9-11). El amor de Dios por ti es profundo y fuerte. Nunca será quebrantado. Estás seguro en Él. Saber que Él se deleita en ti te da la libertad de deleitarte en Él y en todo lo que Él tiene para ti.

Ezequiel 36:24-32 es un hermoso pasaje que tiene un significado especial para cada creyente. Dios se regocija por ti y desea bendecirte con estas cosas: libertad, purificación, un corazón y un espíritu nuevos, su propio Espíritu en ti para que puedas obedecer, una relación personal con él y prosperidad (Ezequiel 36:28-30). Dios eliminará tus impurezas, tu corazón de piedra, tu impureza y tu vergüenza. En todo esto, el santo nombre de Dios es glorificado. Tu transporte le da gloria. ¡Eres un ejemplo de su gracia, misericordia, amor y poder! Él es tu Padre amoroso. Escucha la canción de amor especial que canta solo para ti.

UNA EXPERIENCIA DE DIOS

Este pasaje es el intento de Pablo de describir lo que muchos creen que fue su propia experiencia o encuentro con Dios. Pablo relata una experiencia que ocurrió 14 años antes, pero que no había perdido su misterio ni su influencia en su vida. Hoy en día, a algunas personas les resulta incómodo hablar de tales experiencias, mientras que otras pasan la vida deseándolas. Qué puedes aprender de esta descripción bíblica de una experiencia real con Dios? Cómo llama Pablo a esta experiencia y de quién se originó (2 Corintios 12:1)? La experiencia de Pablo le causa tal impresión que, 14 años después, no la ha olvidado. Es una experiencia espiritual o está involucrada su cuerpo? Realmente parece importar? A qué lugar es Pablo "arrebatado" (2 Corintios 12:2)? El "Tercer Cielo" está más allá de la atmósfera terrestre, más allá del espacio exterior tal como lo conocemos los humanos, en la presencia de Dios. Qué crees que significa "arrebatado"? Sin comparar tipo ni grado, describe una experiencia que hayas tenido en la que hayas sentido que tu espíritu se elevaba de alguna manera, un momento de profunda comunión con Dios en el que experimentaste algo más allá de ti mismo. Te pareció demasiado santo para compartirlo con otros? ¿Por qué sí o por qué no? Qué cosas escucha Pablo (2 Corintios 12:4)? La experiencia de Pablo con Dios es solo para él y para Dios. Cómo crees que esta experiencia fortaleció la relación de Pablo con Dios? Qué papel debería desempeñar una experiencia para fortalecer la relación de una persona con Dios? Qué papel debería desempeñar una experiencia con Dios en el fundamento de tu fe? Una relación íntima con Dios a menudo conlleva una experiencia misteriosa, porque Dios mismo es misterioso. En Isaías 6:1-7, Isaías relata un encuentro con Dios que ocurre en el cuerpo o fuera del cuerpo. No se nos dice si la experiencia es espiritual (una visión) o física (material, en el cuerpo). No parece importar. Lo que importa es que la experiencia es real. La reacción de Isaías a su encuentro con Dios es el temor, pues ver la santidad de Dios solo amplifica la percepción de Isaías de su propio pecado e indignidad. Pero Dios provee un camino para que Isaías se acerque a Dios. Después de que un serafín toca con un carbón ardiente los labios de Isaías, Dios le dice: "Tu culpa es quitada y tu pecado expiado" (Isaías 6:7). Dios desea encuentros con sus hijos. Él dio a su propio Hijo para poder tener un encuentro contigo. El encuentro de Isaías con el Santo lo cambia para siempre. Has tenido un encuentro así? Cómo te ha cambiado? A través de Jesús, Dios ha provisto el camino a la intimidad con él. Tu experiencia con Dios puede no ser tan "inexperiencia" como la de Pablo, pero puede ser igual de real y transformadora. El propósito de Dios al ofrecer a su único Hijo por tus pecados es reconciliarte consigo mismo (Romanos 5:10). Su intención es tener una relación íntima contigo. Acude a él en oración. Permítele amarte. Permítete tener un encuentro misterioso con él. El tipo o grado de tu experiencia no importa. Lo importante es que lo encuentres.

31

EL AMOR Y LA MISERICORDIA DE DIOS

LAS PALABRAS HEBREAS Y GRIEGAS PARA misericordia a menudo se traducen como "amor" o "compasión". Estas palabras transmiten una preocupación que impulsa a la persona a ayudar. Es más que un sentimiento; es un sentimiento que impulsa a la acción, una acción que no es merecida por quien se beneficia de ella. En este pasaje, el profeta Joel caracterizó a Dios como "compasivo y grande en amor". ¿Cómo se describe a Dios en el Salmo 103:3-8-14? Cuándo confundes los atributos de tu Padre Celestial con los de tu padre terrenal, pensando que Dios te responderá como lo hizo tu padre terrenal? El Salmo 78 enumera algunas de las muchas cosas que hacen los israelitas para merecer la ira de Dios. Cómo responde Dios? Su rebelión trae la disciplina de Dios, pero el juicio de Dios está mezclado con misericordia. ¿Cuándo has experimentado la disciplina de Dios hacia quienes ama (Apocalipsis 3:19), su misericordia sobrepasa su ira (Salmos 103:10-11)? Alguna vez temes el rechazo de Dios? Si regresas a él, cómo responderá? Dios es santo y justo. Eso causa temor. Pero Jesús pagó la deuda incurrida por tu pecado (Romanos 5:8-9). Él te salvó de la ira de Dios. Incluso tu salvación se logró gracias a la misericordia de Dios. Y él se deleita en mostrarte su misericordia. Te has preguntado alguna vez qué harías si estuvieras en la misma situación del siervo despiadado? A este siervo se le perdonó una deuda enorme, una que jamás podría esperar pagar. Sin embargo, a pesar de la misericordia que le mostró su amo, se negó a perdonar a otro siervo una deuda insignificante. Cómo responderás a quienes necesitan tu misericordia? Dios requiere que brindes justicia, misericordia y compasión a los demás. Cuando Jesús estuvo en la tierra, recordó a sus oyentes que los asuntos importantes de la ley son la justicia, la misericordia y la fidelidad (Mateo 23:23). Lo opuesto a la misericordia es el juicio. Cuando juzgas o te niegas a mostrar misericordia, como lo hace el siervo en esta parábola, enfrentarás el juicio porque "se mostrará un juicio sin misericordia a cualquiera que no haya sido misericordioso" (Stg 2:13). Cuando comprendas la magnitud de la misericordia de Dios hacia ti, tu corazón rebosará de amor y gratitud. Cuanto mayor sea la deuda cancelada, mayor será el amor y la gratitud que recibirás a cambio. Si te cuesta perdonar a los demás o ser misericordioso, quizás aún no hayas descubierto la profundidad de la misericordia de Dios hacia ti. ¿Eres el hijo rebelde que necesita volver a su Padre? Eres el siervo despiadado que niega a otros lo que tanto necesitan? "Ten piedad de mí, oh Dios, conforme a tu misericordia; conforme a tu gran compasión, borra mi transgression" (Salmo 51:1). La rebelión y un corazón desobediente e impenitente te impedirán sentir el amor y la misericordia de Dios. Rasga tu corazón, no tus vestiduras. Vuélvete al Señor tu Dios, porque él es clemente y compasivo» (Joel 2:13).

EL AMOR DE DIOS POR EL VAGABUNDO

Israel, el pueblo elegido de Dios, se ha extraviado tanto y su infidelidad es tan flagrante que Dios los compara con "adúlteros, ardientes como un horno" que "aman" el salario de una prostituta (Oseas 9:1). Qué duro! En Oseas 11, se compara a Israel con un hijo desobediente a quien su padre ama a pesar de todo. Probablemente puedas ver algo de Israel en ti mismo (Isaías 53:6). "Todos nosotros, como ovejas, nos hemos descarriado, cada cual se ha apartado por su propio camino; pero el Señor cargó en él la iniquidad de todos nosotros". Cuál es la respuesta de Dios a tu extravío? Cuál será tu respuesta? Describe la actitud de Dios hacia el "joven" Israel. "Cuando Israel era muchacho, yo lo amé, y de Egipto llamé a mi hijo" (Oseas 11:1). Cuál ha sido la actitud de Dios hacia ti desde tiempos inmemoriales (Efesios 1:4-6)? Dónde estaba Israel cuando Dios la llamó (Oseas 11:1)? Dónde estabas tú cuando Dios te llamó? Israel no se da cuenta de cómo Dios la ha guiado, cuidado y aliviado constantemente sus cargas. Al reflexionar sobre tu vida, cómo te ha guiado Dios fielmente "con lazos de bondad, con lazos de amor" (Oseas 11:4)? Si te estás alejando de Dios, regresa a él mediante el arrepentimiento (Oseas 14:1-2). Él te recibirá con los brazos abiertos, te atraerá hacia sí y se regocijará. La compasión y el amor de Dios son mucho mayores que tus pecados (Salmo 103:8-14). Él dice ahora mismo: "He disipado tus ofensas como una nube, tus pecados como la niebla de la mañana. Vuelve a mí, porque yo te he redimido" (Isaías 44:22). Jesús prioriza a las ovejas descarriadas (Lc. 19:10). "Porque el Hijo del Hombre vino a buscar y a salvar lo que se había perdido". Conoces a alguna oveja descarriada? Eres una de ellas? Jesús nunca se rendirá frustrado ni te abandonará a tu suerte. Él vendrá corriendo a buscarte. "Como un pastor apacienta su rebaño: en sus brazos recoge a los corderos y los lleva en su corazón; pastorea con ternura a las crías" (Is. 40:11). Este es tu Salvador, tu pastor, tu amigo.

32

UNA ANSIOSA ANTICIPACIÓN DEL REGRESO DEL SEÑOR NOS MANTIENE VIVIENDO PRODUCTIVAMENTE.

"Y HE AQUÍ, YO VENGO PRONTO, y mi galardón conmigo, para recompensar a cada uno según sea su obra" (Apocalipsis 22:12). A lo largo de las Escrituras encontramos tres advertencias sobre el regreso del Señor: Velad fielmente, trabajad con diligencia y esperad con serenidad. El Señor dijo repetidamente que debemos velar por su venida porque desconocemos el día ni la hora de su regreso (Mateo 24:42; 25:13). En Lucas 21:36, Jesús dio esta instrucción específica: "Velad, pues, y orad en todo tiempo para que seáis tenidos por dignos de escapar de todas estas cosas que vendrán, y de estar en pie delante del Hijo del Hombre". Debemos hacer más que orar mientras velamos. Debemos permanecer firmes en la fe, con valentía y fuerza (1 Corintios 16:13). Debemos velar con sobriedad, armándonos de fe, amor y salvación (1 Tes. 5:8). Mientras velamos, debemos estar especialmente alertas a los falsos profetas; debemos discernir los espíritus y rechazar firmemente a todos los que no confiesan que Jesucristo es Dios encarnado (1 Juan 4:1-2; 2 Pedro 2:1). Jesús habló a Juan en visión y les dio esta gran promesa a quienes permanecen vigilantes: «He aquí, yo vengo como ladrón. Bienaventurado el que vela» (Apocalipsis 16:15). ¿Por qué nos deja Jesús aquí en la tierra después de salvarnos? ¿Por qué no nacemos de nuevo y luego somos llevados inmediatamente a la presencia del Señor? Porque aún tenemos trabajo por hacer? Primero, Dios nos llama a ganar almas. Debemos ser testigos del Señor, anunciando el amor de Dios y la muerte expiatoria de Jesucristo por el pecado. Debemos dar testimonio de lo que Él ha hecho en nuestras vidas, tanto con nuestra propia vida, con nuestras palabras como con nuestro ejemplo. Mientras quede un alma en la tierra que no haya escuchado el evangelio de nuestro Señor Jesucristo, ¡tenemos trabajo que hacer! En segundo lugar, debemos crecer espiritualmente, desarrollando una intimidad cada vez mayor con el Señor. Ninguno de nosotros alcanza plenamente su potencial espiritual. Todos tenemos espacio para crecer. En aquellas áreas donde descubrimos que somos diferentes de Cristo, debemos trabajar con el Espíritu para ser conformados a su semejanza. Nuestras mentes deben ser renovadas (Romanos 12:1). Nuestras heridas y emociones internas deben ser sanadas. Debemos crecer en discernimiento espiritual y en la sabiduría de Dios. Nuestra fe debe ser fortalecida y utilizada para que nuestras oraciones y acciones edifiquen con mayor eficacia el Reino del Señor. Esperar no es fácil. La impaciencia a menudo conduce a la frustración. Esperar también puede generar temor; cuanto más tiempo pasa sin que algo anticipado suceda, mayor es nuestra preocupación por lo que sucederá, lo cual puede degenerar en preocupación por lo que pueda suceder, y el temor está a solo un paso. Los ángeles hablaron paz a la tierra en la primera venida de Jesús (Lucas 2:14). Más de cuatrocientas veces en las Escrituras, el Señor dice que no debemos temer, sino disfrutar de paz. El profeta Isaías se refirió a Jesús como el Príncipe de Paz (Is. 9:6). A lo largo de su ministerio, el Señor Jesús habló paz: a la mujer con flujo de sangre le dijo: Ve en paz; al mar tempestuoso le dijo: Calla, enmudece; y a sus discípulos les dijo: "Mi paz os doy". El Señor nos llama a la paz mientras esperamos su regreso. Sin Jesús, no hay paz ni en el corazón humano, ni entre los seres humanos ni entre las naciones. Con Jesús, podemos experimentar una paz que trasciende nuestra mente racional y se instala en lo más profundo de nuestro ser (Fil. 4:7). Debemos buscar y encontrar esta paz mientras esperamos el regreso del Señor. Cuando el Señor venga, te encontrará entre quienes lo aman y lo llaman Salvador y Señor? Cuando el Señor venga, te encontrará haciendo lo que te ha ordenado? Cuando el Señor venga, te encontrará ansioso por verlo? Cuando el Señor venga, te encontrará listo para su aparición? Cuando el Señor llame con un grito desde el cielo, te elevarás instantáneamente para estar con él? Cuando el Señor aparezca en las nubes, se regocijará tu corazón con inmenso gozo? Tienes a tu alcance la respuesta positiva a estas preguntas. Cómo elegirás responder a los desafíos del Señor en tu vida? La verdad es que Él regresará. ¡Por favor, entrégale tu vida! Mañana podría ser demasiado tarde. Si has leído este libro y crees de corazón que Jesús murió por tus pecados, haz esta oración en la página siguiente.

PADRE CELESTIAL,

VENGO EN EL NOMBRE DE JESUCRISTO. CREO DE TODO CORAZÓN QUE JESUCRISTO ES EL HIJO DE DIOS. CREO DE TODO CORAZÓN QUE MURIÓ POR MIS PECADOS; CREO QUE LO RESUCITASTE DE ENTRE LOS MUERTOS PARA MI

JUSTIFICACIÓN. LO RECIBO HOY COMO MI SEÑOR Y SALVADOR PERSONAL, Y LE DOY LA GLORIA A DIOS.

AMÉN

Al hacer esta oración, la paz de Dios reinará en tu vida. También comenzarás a experimentar la presencia de Dios. Te conviertes en uno de sus hijos en el momento en que le entregas tu vida. Puede que sea demasiado tarde. ¡Entrégale tu vida a Jesús hoy! Date prisa! Jesús viene pronto. Quieres tener un encuentro con Jesús? Tu respuesta podría ser sí! Si yo pude tener un encuentro con Jesús, tú también puedes. Jesús te ama!

BIBLIOGRAFÍA

Sarah Young (2011). *Biblia Devocional* "Jesús te llama" *Nueva Versión King James*. Thomas Nelson, 1982.

www.ingramcontent.com/pod-product-compliance
Lightning Source LLC
Chambersburg PA
CBHW071756120626
46550CB00002B/812